ネット通販で
売上を伸ばす
7つの戦略と
21の鉄則

アマゾンを飲み込め!

株式会社いつも.上席コンサルタント
高木修　立川哲夫

幻冬舎

アマゾンを飲み込め！

ネット通販で売上を伸ばす7つの戦略と21の鉄則

はじめに　アマゾンを攻略せよ！

これからお伝えするのは、**あなたの会社・店舗の商品をアマゾンというネット通販王者のデジタルカタログに載せ、売上アップをはかる方法**です。

「アマゾンは利用者の数が多いのだから、出品さえすればきっと多くの人が買ってくれ、売上が拡大するはずだ！」と期待して、アマゾンに出品する会社も多いでしょう。

ところが、現実は何ページにもわたる検索結果の下位に表示され、誰かの目に触れることもなくひっそりとランキングのはるか下へ……という商品があまた存在しているのが現状です。「商品には自信があるのに、なぜ売上が伸びないのだろう」「アマゾンに出品しても効果がなく、採算が合わない」とお悩みの方、それは、アマゾン対策を誤っているのが原因かもしれません。

そもそも、アマゾンの動向になぜ、これほど人々の注目が集まるのでしょうか。それは、アマゾンの手がけるＥＣ（電子商取引）サービスが個人の生活に深く入り込み、メーカー、小売業といった流通産業、物流産業、さらにはメディア産業をも飲み込んで、大きな影響を及ぼしているからにほかなりません。

消費者を惹《ひ》きつける最大の魅力は、商品の安さに加えて、年会費数千円〜1万円超でスピード配送、プライム商品の配送料無料、動画・音楽の視聴といったサービスが無制限に利用できる独自の会員制プログラム「アマゾンプライム」です。

世界ではすでにプライム会員が1億人を超えており、そのおよそ8割を抱えるアメリカのプライム会員における来店当たりの商品購入率は70%以上。驚くべき数字にけん引され、**現在のアメリカEC市場におけるシェアは5割に近く、**ほぼアマゾンの一人勝ち状態となっています。

そのあおりをくったのが小売業です。アメリカではアマゾンの台頭によって実店舗の市場が徐々に侵食され、大手小売チェーンの閉店も相次いでいます。リアルの小売店が減れば、卸売をメインに手がけているメーカーの販路も縮小していきます。そのため、メーカーはこれまでと違う戦略を強いられているのです。

では、アメリカのメーカーは、この窮地に対して、どんな手段を講じているのでしょうか。アマゾンに飲み込まれるのではなく、アマゾンの懐深く入り込み、共存共栄するために何をするのがベストなのか？

世界のEC先進国であるアメリカで起きている動きは、日本でも2〜3年先に起こるといわれています。私たちが現地で実際に見聞きした事例を紹介しながら、具体的な方法・ヒントを

図1　EC化率の推移（小売のネット取引割合）

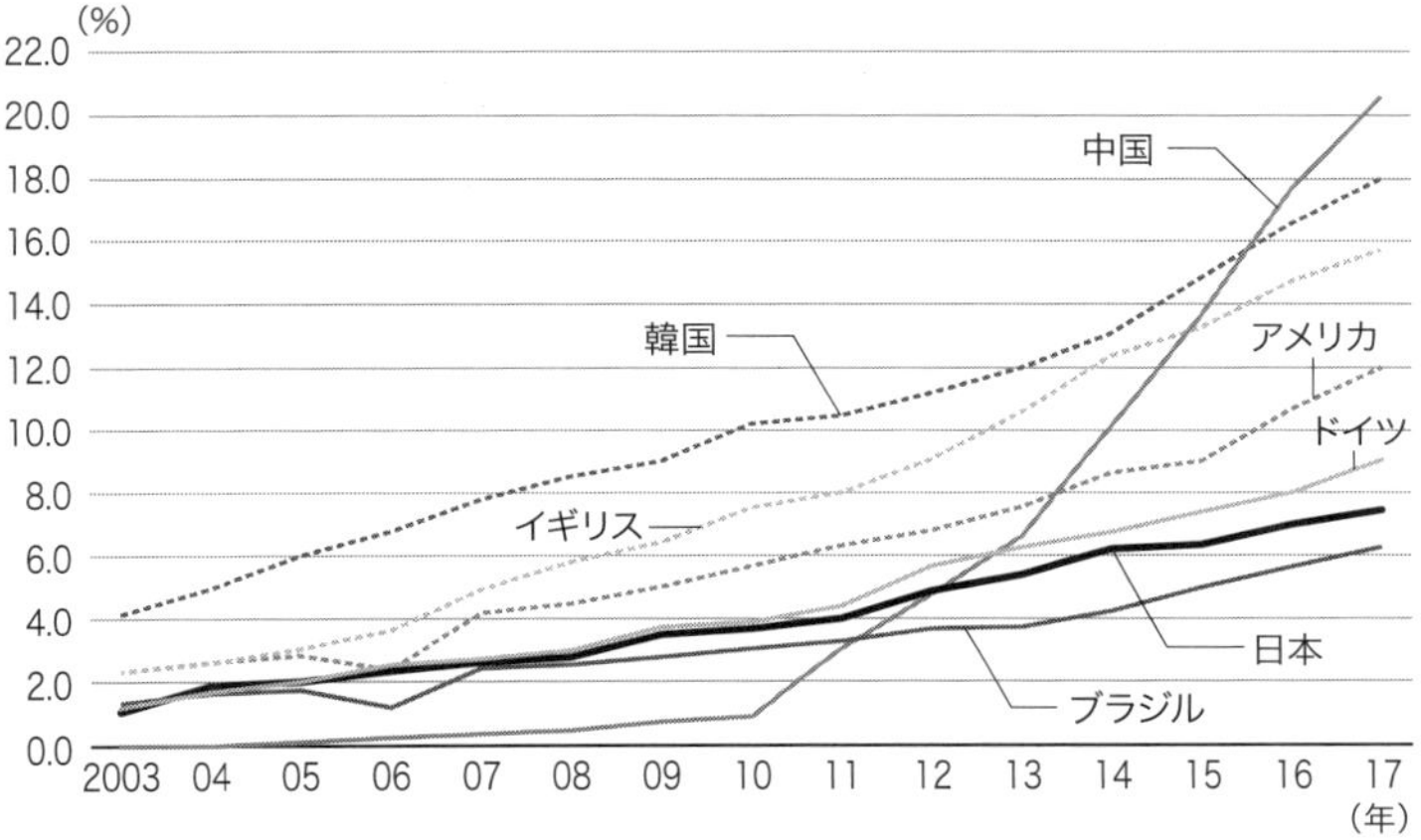

出所：KPCB インターネットトレンド2018

提示することによって、他社に先駆けてあなたの会社が正しい対策を始め、先行者利益を得ていただくことが本書の大きな目的であり、狙いです。

２０１７年におけるアメリカのＥＣ化率（小売のネット取引割合）は消費全体の12％、中国は20％を超えており、それと比べると日本のＥＣ化率は８％弱と遅れているようにも見えますが（図１）、アマゾンの登場により、すでに日本も大きな影響を受けています。

アマゾンが小売店や消費者の買い物行動にどのような影響を与えているのかを調べた世界的な調査（世界29の国と地域、２万４００0人以上のネット通販の購買者を対象に実施）の結果、「アマゾンによって小売店で買い物をする頻度が減った」と答えた人の割合がもっとも多かったのは、日本でした。世界の平均28％に対して、日本は39％と、アメリカの37％を上回ったのです。

書籍から家電、ファッション、食品、日用品まで扱うアイテムも幅広く、「アマゾン以外のウェブサイトで買い物をする頻度が減っている（18％）」「アマゾンでしか買い物をしない（10％）」など、世界的に見てもアマゾンの影響力のすごさがうかがえます。

みなさんの中にも、「もうアマゾンなしの生活は考えられない」とおっしゃる「アマゾン依存症」の方が少なからずいるのではないでしょうか。

彼らが戦略の核に据える「カスタマーセントリック（顧客中心主義）」によって物流網を整え、「より安く、より早く、より品ぞろえ多く」という人々の要求に応え続ける限り、アマゾンは消費者に支えられ、ますます巨大化していくでしょう。

ですから、手をこまねいている暇があったら、**一日でも早くアマゾンでいかに売上を伸ばすか、そのための対策を実施することをおすすめ**します。やれば必ず結果が生まれます。

この本では、9000社を超えるECの支援実績を持つ会社の上席コンサルタントである私たちが、世界と日本、2つの視点を持ちながら10年以上かけて培ってきたECでの販売・運用ノウハウを惜しみなくお伝えしていきます。

ＥＣの基本は「知ってもらい」「買ってもらい」「評価してもらう（レビューの書き込み）」ことです。そのすべてがそろったアマゾンについて学習すればするほど、ＥＣのトレンド・デジタル化の動向を押さえることができ、競合商品を引き離せる可能性が出てきます。その効果に、あなたもきっと驚かれることでしょう。

アマゾンを飲み込め！／目次

第2章 アマゾンの野望を知れ！

第3章 企業が今からやるべき21のこと

第4章 7つの商品タイプ別の販売・育成戦略

第5章 アマゾンの未来はこうなる!

装丁 256(萩原弦一郎)
構成 宮嶋尚美
DTP 美創

第１章

アマゾンで商品を売らない企業が消えるワケ

なぜ今、アマゾンで商品を売ることが重要なのか？

この章であなたにお伝えしたいのは、今すぐ、アマゾンの検索結果上位の位置に商品を並べなければ、お客様との接点がどんどん減ってしまうということです。

すでに自社サイトを持っている、アマゾンに出品している企業はたくさんありますが、ここであえてお話しするのは、アマゾンというECプラットフォームを使うことのメリット、使わないことによるデメリットにまだ多くの企業が気づいていないと思えるからです。

本章でアマゾンの世界観を〝体験〟することによって、まずはあなたのアマゾンに対する価値観を変えることから始めたいと思います。

2年後の日本がどうなるか、現在のアメリカの状況からお話しします。

アメリカのEC市場は順調に伸び、2018年の市場は50兆円規模になりました（図2）。その中でもアマゾンが大躍進を続けています。

2017年は約20兆円の売上をアマゾンだけで上げており（図3）、**アメリカEC市場の半分がアマゾンという状況になりつつあります。**

世界最大の収益を誇る小売業者であり、アマゾンの最大の競合であるウォルマートもECで

図2　アメリカのECは市場規模もEC化率も順調に伸びている

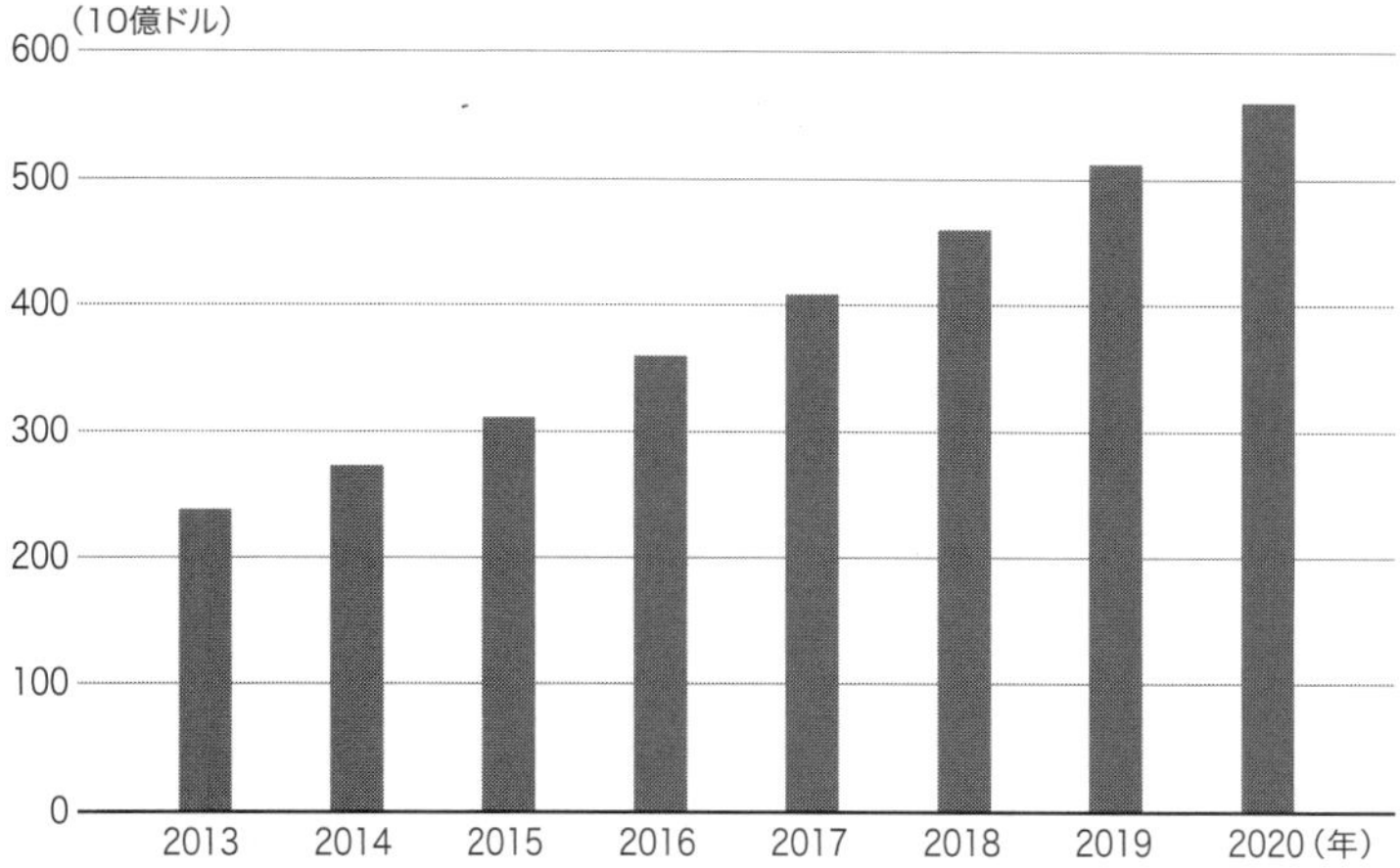

出所：statista

図3　アメリカアマゾンの売上規模の推移

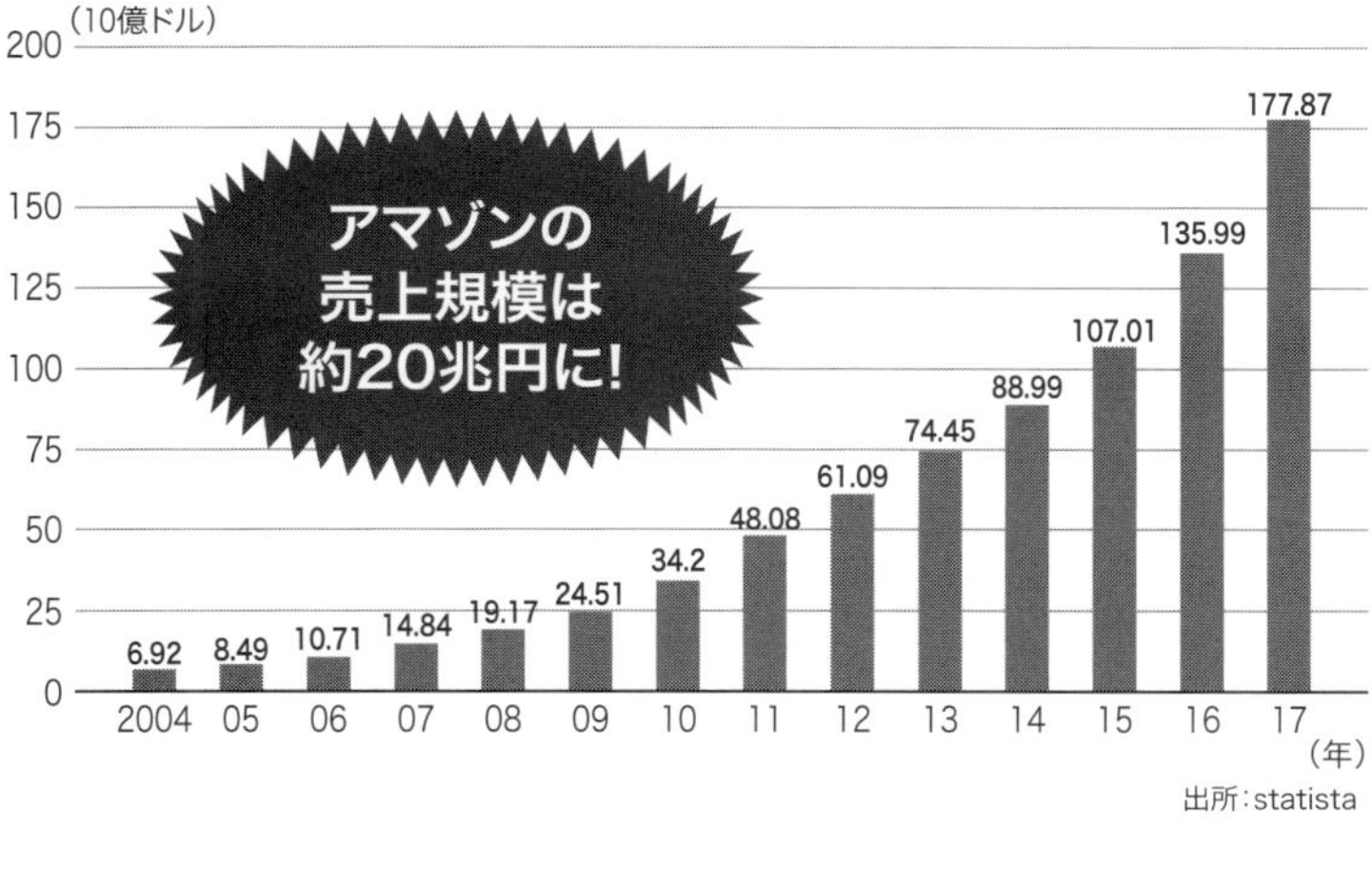

出所：statista

健闘していますが、アマゾンの伸び率には達成していない状況です。
それぐらい圧倒的に強いのがアマゾンであり、2017年、アマゾンがホールフーズ・マーケットというオーガニック食品専門のスーパーを買収すると、そのほかのスーパーの株価がどんどん下がり、業界そのものが大きな打撃を受ける「アマゾンエフェクト」と呼ばれる現象を起こしました。

アマゾンの影響は、実店舗の閉鎖というかたちで小売業の崩壊にまでおよんでいます。

2018年、アメリカでは2008年のリーマン・ショックの影響を大きく超える3800店以上という途方もない数の店舗が閉鎖しました。閉鎖した店舗にはメイシーズ、シアーズといった百貨店、トイザらスなども含まれています。

日本の経済は低成長ですが、アメリカの経済はまだ伸びています。全体で見れば景気は安定しています。それなのに、実店舗はどんどん減っている。同じ商品だと結局はアマゾンと価格勝負になり、便利さも含めてアマゾンに勝てない状況が実店舗を低迷させ、追いつめたという見方もあります。

ほかにも要因はあると思いますが、アマゾンとの戦いに負けて退場した企業が多いのも事実です。

この先、日本でもネットで商品を買う人が増え続ければ、アメリカと同じようなことが起こっても不思議はありません。

あなたの会社がもしメーカーであるなら、何を気にしなければいけないでしょうか。

それは、**実店舗が減れば棚が減り、棚が減れば自社の商品が消費者の目に触れる機会が減っていく**ということです。

アマゾンに翻弄されるのを待つのではなく、アマゾンに意識を向け、アマゾンとの関わり方の見直しに積極的に取り組んでいく必要があることを、まずは理解してください。

食品・日用品のネット通販に変化の兆し

日本の小売業界でも、アマゾンをはじめとするネット通販、いわゆるＥＣサイトが勢いを増しています。

日本の小売販売動向を見てみますと、ここ20年、市場規模は１４０兆円ほどで、ほぼ横ばい状態が続いています。２０１６年度は、売上の高い順から、スーパーマーケット（量販店）が約13兆円、コンビニ約11兆円、ＥＣ約10兆円、百貨店約６兆円、ドラッグストア約６兆円、ホームセンター約３兆円と、ＥＣはコンビニに迫る売上を上げています。

ＥＣの中でも特に売上が大きいもの、つまりＥＣ化率が高いのは、アパレルと家電です。アパレル雑貨の市場規模は約1・6兆円、家電・PC機器の市場規模は約1・5兆円あり、ECの売上全体の30％以上を占めています。

当社の試算では、大手の小売企業で現在EC化率がもっとも高いのは、ヨドバシカメラの16％ですが、アダストリア（15％）、ユナイテッドアローズ（15％）、丸井（9％）、良品計画（7％）、ユニクロ（6％）など、上位企業の多くは「今後、EC化率を30％まで上げる」と言っています。

一方、食品、日用品、化粧品などは全体のマーケット規模（約44兆円）が大きいわりにECで買われる率は非常に低く、EC化率は5％以下。ナショナルブランド企業がECにまだ本気で取り組んでいない状況がうかがえます。

ですが、**2～3年後には今の5倍の25％に達するという予測もあります**。そうなれば、ECの売上は一気に11兆円を超えることになり、スーパー、コンビニと肩を並べる規模に。消費者との〝つながり方〟がリアルからデジタルに変わり、小売動向そのものに地殻変動が起こるのです。

消費者は、生協などから食材・食品・飲料を宅配で届けてもらうことには、すでに慣れています。ティッシュペーパーやトイレットペーパー、紙おむつなどの家庭日用品、シャンプー、化粧水、マウスウォッシュ、ボディケア用品といったパーソナルケア用品、いわゆる消費財カテゴリーについても、ほしいものがすぐ届くのであれば、ネット通販での商品購入に対して違和感がありません。

また、実店舗に足を運ぶわずらわしさを感じている現状を考えると、今より消費者のニーズが高まり、EC化率も伸びていくのは間違いありません。

ECの先進国アメリカでは、一足早く、食品小売業界におけるEC化に向けた競争が激しくなっています。食品の配送サービスが市場成長のカギといわれ、アマゾンフレッシュ、グーグルエクスプレス、インスタカートなど食料品の即日配達サービスを運営する各社が、いかに多くのユーザーに選んでもらうか、しのぎを削っているのです。

アマゾンフレッシュは日本でもサービスが始まっていますが、アメリカでは配送エリアの近くに巨大な倉庫を構え、倉庫内には生鮮食品をストックしておくための巨大冷蔵庫を供えるなど、独自の物流システムを駆使して注文から最短2時間で届けるサービスを展開。順調にシェアを広げています（日本は最短4時間）。

アマゾンがホールフーズ・マーケットを買収したことで、アマゾンの脅威に対抗するため、また、アマゾンという競争相手に勝つため、多くの食料品店がデジタル事業に乗り出しているといいます。**この流れは2〜3年後、日本にもやってくる**でしょう。

広告費は急激にネットへ移行している！

少し角度を変え、国内の企業別CM広告ランキングに目を向けますと、ランキング上位には、コカ・コーラ、花王、P&G、小林製薬、ライオン、資生堂、ハウス食品、アサヒ飲料、サントリー、明治、永谷園など、食品・日用品の大手メーカー企業が多く出ています。

現在は売上の約92％が実店舗であり、消費者に認知してもらうための広告予算の多くがCMに配分されているのは納得できます。

しかし、アメリカで起きている流れが日本にやってきたら、この予算もどんどんデジタルに移っていくことになるでしょう。

大企業の広告予算をめぐって、アメリカでは、市場がリアルからデジタルへ、それも、グーグルといった検索広告から、アマゾンに代表されるショッパー（購入者）マーケティングへと移行しています。

簡単にいえば、世界的な企業がグーグルなどの検索広告に投入していた予算の一部を、アマゾンなどデジタルカタログの棚取りにシフトさせているのです。

特に消費財ビジネスの中で、数少ない右肩上がりの媒体であるアマゾンを販売のプラットフォームと捉えるブランド企業が、アマゾンの検索結果ページを「デジタル商品の陳列棚」と考え、これまで実店舗（お店）で棚を取るために投じていた巨額の費用を、ネット通販に移行させているのです。

２０１８年、あるアメリカの広告エージェントの例では、「自社の成長を維持するためには、アマゾン広告に依存せざるを得ない」と、**クライアントのアマゾンへの広告出稿量は前年比で9％から295％の幅で増えている**といいます。

メーカーの生き残りはネット通販にかかっている！

そこで、あなたに知っていただきたいのが「**デジタルシェルフ**」という考え方です。「デジタルシェルフ」とは、ネット検索、ソーシャル画面、ＥＣサイトの検索結果ページのことであり（図４）、デジタルカタログの陳列棚をさします。しかし、ただデジタルカタログの棚に商品を並べたからといって、売上がすぐにポンッとはね上がるわけではありません。

たとえば、菓子メーカーがコンビニやスーパーでチョコレートを売ろうとするとき、ＣＭをはじめとするさまざまな手段を使い、営業マンが棚を押さえるために売り場に日参し、消費者がもっとも手に取りやすく、目につきやすい場所を確保して商品を並べるのが従来のやり方で

図4　実店舗とデジタル棚の考え方

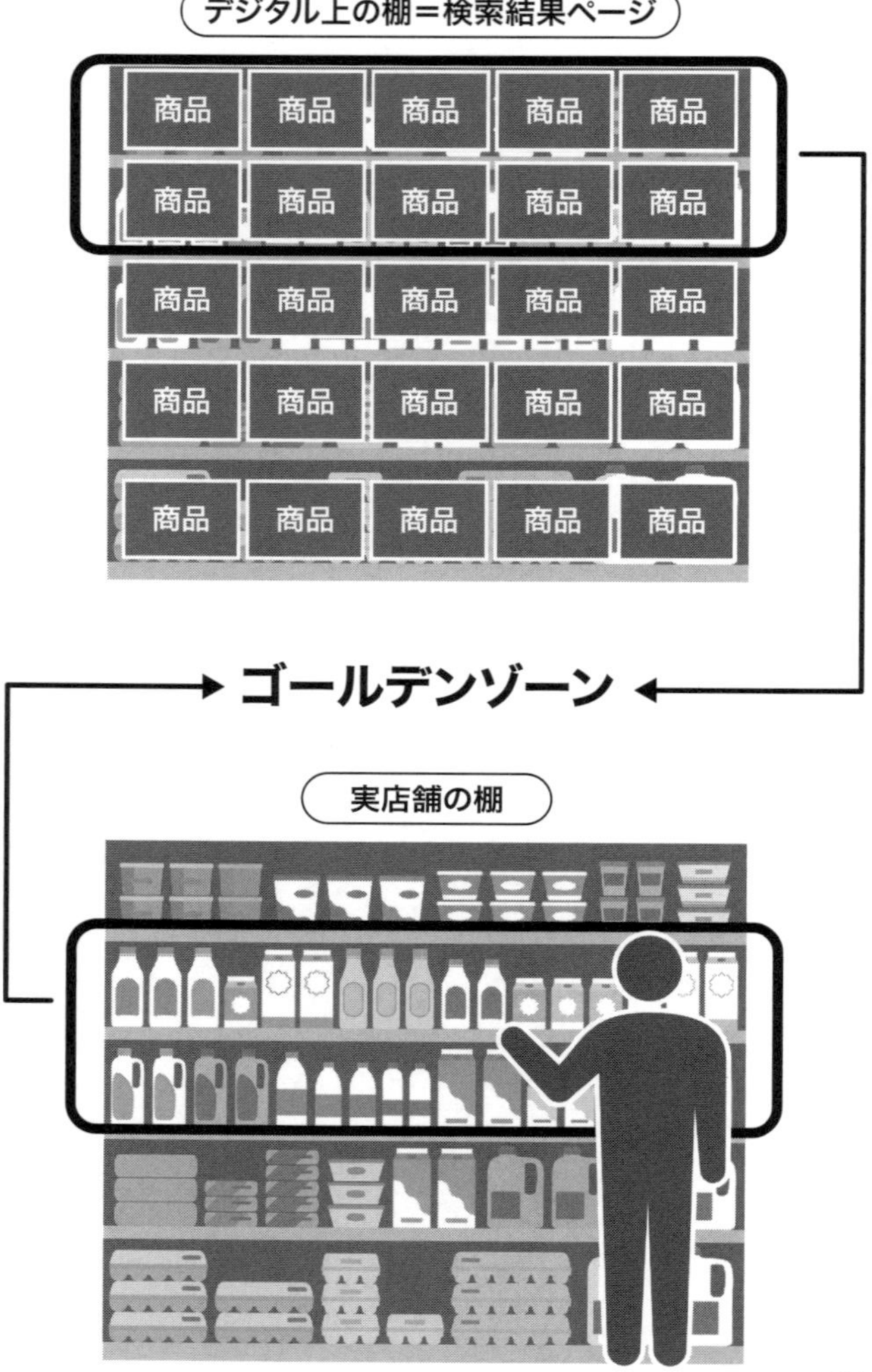

@alazur

図5　国内主要モールのEC売上規模（推計）

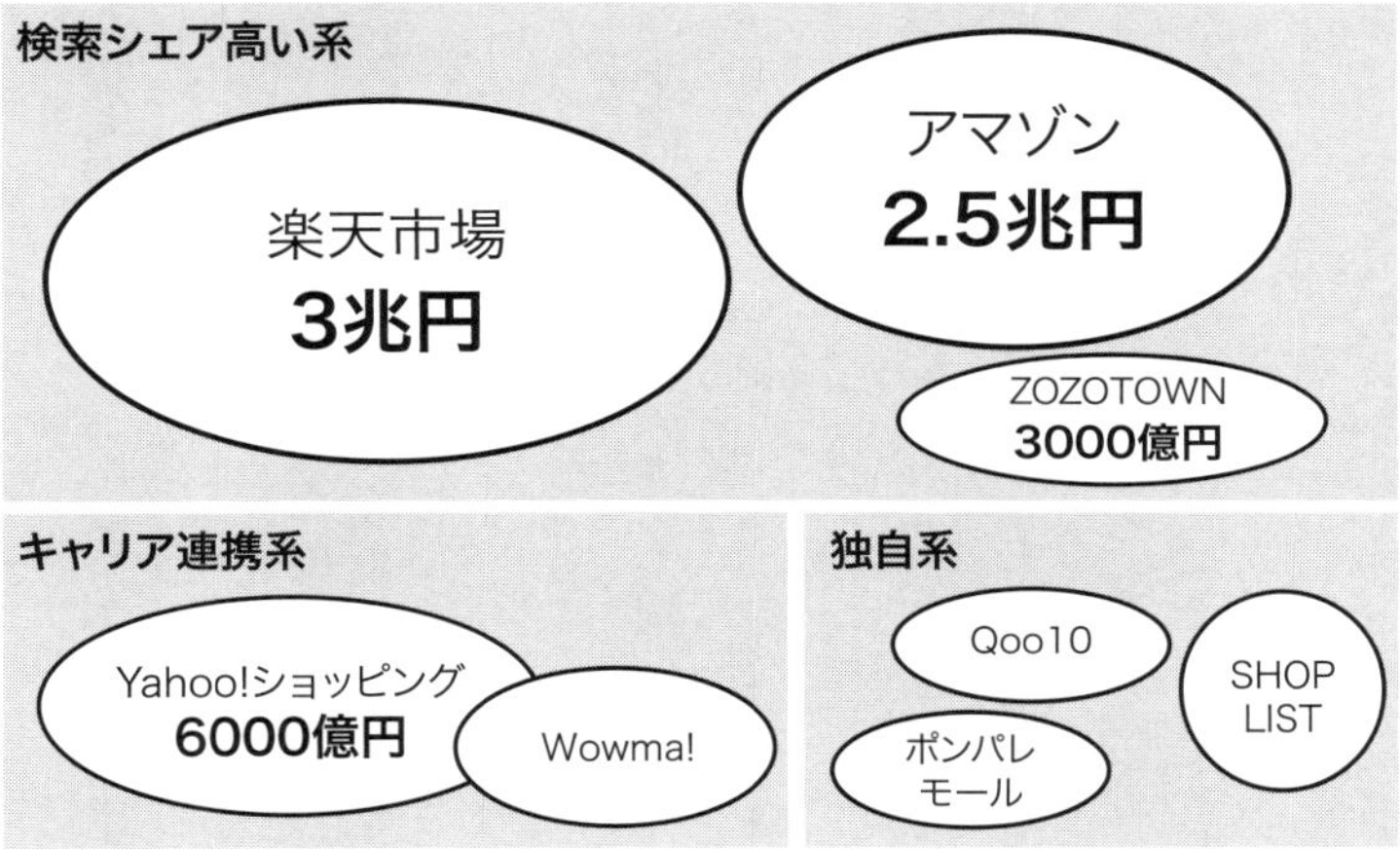

出所：itsumo.Inc

した。

　この位置は「ゴールデンゾーン」と呼ばれ、同じような価格、知名度のほかの商品が隣にあったとしても、「ゴールデンゾーン」に並べられた商品の購入率は他商品の2倍といわれているのを、知っている人もいるでしょう。

　これと同じことが、実はデジタル上でも起こっているのです。

　では、実際にデジタル上の棚はどこにあるのでしょうか。

　それを理解していただくために、国内の主要ＥＣモールを図解しました（図5）。大きな市場はアマゾンと楽天市場であり、この2社だけで**ネット通販利用人口の約50%**を占めています。

　さらにデバイス利用率、つまりＰＣかスマ

ートフォン（以下、スマホ）か、どちらを使って買い物をしているかという調査では、**PCを持たない若者を中心に、ほぼ7割がスマホで購入している**というデータが出ています。

これはさらに伸びるといわれていて、アメリカではすでに8割を超えています。今後は日本でもデバイスはスマホになっていくと考えられます。ここではひとまず、PCではなくモバイルで商品を買う人が増えているという事実を知っておいてください。

アメリカで「ECで商品を買う」という場合、まず最初にアマゾンで検索して探し始める人がネット通販全体の購入者の7割いるといわれています。

そうなると、企業側もウェブ広告予算として、これまで検索エンジンの最大手グーグルに費やしてきた予算を、アマゾンに変更することを検討せざるを得ません。なぜなら、アマゾンで広告費を使ったほうが、効率的に商品が売れるからです。

その理由の一つは、アマゾンが消費者の購入データをたくさん持っているということ。一方のグーグルは知りたい情報を検索するツールですから、検索結果によって商品を買ったかどうかはわからない。つまり、アマゾンのほうが、より高い精度で広告配信ができるということです。

ブランド企業が予算を使うということは、売上を上げることが目的です。グーグルより確実に売上につなぐことができる可能性があるアマゾンに広告を出す企業が増えていくのは必然なのかもしれません。

とはいえ、日本企業の現状となると、いくらネット通販が伸びているとはいっても、どのように広告予算を振り分けていくか、暗中模索が続いています。

マーケティングの基本的な考え方は、競合他社の販売実績やターゲット層を分析し、中身やパッケージを差別化したりして他社の市場を奪うというものです。

ですが、デジタル上の棚の動きはリアルな店頭の棚のように明確につかむことができません。メーカー各社も、何から手をつけたらいいのかわからず、手をこまねいている状況です。

ただし、ビジネスそのものの基本は変わりません。**どんな企業にせよ、もっとも大切なことは、集客することと、既存客を守り、自社のファンに育てること**です。

アメリカではどうしているかというと、①すでに自社ブランドを好んで買っていただいているお客様を守るために使う予算、②まだ好きなブランドを決めていないお客様を獲得する予算、③他社のお客様を奪うための予算、の大きく分けて3つに予算配分をしています。

優先順位は右の通りですが、予算割り当てとしては、**既存客を守る予算に全体の約4割を充**

て、指定ブランドのない見込み客を獲得する予算に約5割、他社の既存客を奪う予算には約1割を充てるのがセオリーといえます。

なぜなら、自社ブランドのファンであるほどレスポンス効率がよく、反対に、他社のファンを奪うのは非常に難しいことだからです。

この予算配分をアマゾンで計画的に行うと、面白いように結果が出せることもわかってきました。

ちなみに、ネット通販では、ナショナルブランドは一度買った商品、ブランドを約75%の人がリピートするというデータがあります。ですから、まずは、指定ブランドのないお客様を獲得することが重要です。

缶コーヒーやシャンプーなど、購入頻度が高く、ブランドスイッチ度が高いカテゴリーもありますが、一般的なリピート期間は1年半~2年あるといわれています。

デジタルのほうがこだわった商品が売れる

では、デジタルカタログと実店舗を比較した場合、実際の市場はどうなっているのでしょうか。

シャンプー一つとっても売れ筋には大きな違いがあることを、アマゾンとドラッグストアの2018年10月の調査データを例にとって紹介します（図6）。

表を見比べていただくと、1位から10位までの顔ぶれが、アマゾンとドラッグストアでまるで違うことがわかります。

唯一かぶっているのはパンテーンのシャンプーですが、よく見ると、アマゾンで売れているのは大容量だったり、コンディショナー&トリートメントのセットだったりして、売れ筋が異なります。

ここからわかることはなんでしょう？

まず**有名ブランドでも、デジタルシェルフ、つまり検索結果ページの上位となると、商品が見当たらないこと**が挙げられます。これは、ドラッグストアの売上上位のブランドメーカーは、まだアマゾンに本腰を入れていないことの裏返しでもあります。

次に、**単価がまったく違うこと。**ドラッグストアで売れている一番高いシャンプーが525円なのに対して、アマゾンは4427円。実に約8倍もの値段差があります。

つまり、**デジタルのほうが大容量やこだわった商品が売れる**という事実が見えてきます。

見方を変えると、ドラッグストアは安いものを大量に売るビジネスモデルなので、高い商品を並べにくい傾向があるということです。

図6　シャンプー市場の例　ドラッグストア vs アマゾン

（2018年10月調査時点）

ドラッグストアの製品別売れ行き順位

	メーカー名	ブランド名	商品名	価格（円）
1	花王	メリット	メリット　シャンプー　つめかえ用340ml	291
2	P&G	パンテーン	パンテーン　エクストラダメージケアシャンプー　つめかえ用特大サイズ660ml	510
3	P&G	パンテーン	パンテーン　エクストラダメージケアシャンプー　つめかえ用330ml	295
4	ユニリーバ・ジャパン	ラックス	ラックス　スーパーリッチシャインダメージリペア補修シャンプー　つめかえ用660g	525
5	花王	メリット	メリット　リンスのいらないシャンプー　つめかえ用340ml	430
6	コーセーコスメポート	ビオリス	ビオリス　ボタニカル　シャンプー　ディープモイスト　つめかえ用340ml	388
7	資生堂	ツバキ	ツバキ　エクストラモイストシャンプー　つめかえ用345ml	416
8	ユニリーバ・ジャパン	ラックス	ラックス　スーパーリッチシャインダメージリペア補修シャンプー　つめかえ用330g	315
9	花王	エッセンシャル	エッセンシャル　スマートリペア　シャンプー　つめかえ用340ml	339
10	ユニリーバ・ジャパン	ダヴ	ダヴ　モイスチャーケア　シャンプー　つめかえ用350g	247

アマゾンの製品別売れ行き順位

	メーカー名	ブランド名	商品名	価格（円）
1	タカラベルモント	ナチュラルヘアソープ&トリートメント	ルベル（LebeL）ナチュラルヘアソープウィズSW（シーウィード720ml）&ナチュラルヘアトリートメントウィズRP（ライスプロテイン720g）	3280
2	タカラベルモント	ナチュラルヘアソープ&トリートメント	ルベルイオセラムクレンジングシャンプー600ml&クリームトリートメント600mlセットLebel iau SERUM	4427
3	P&G	パンテーン	パンテーンシャンプー　エクストラダメージケア　超特大2Lサイズ　つめかえ用2000ml	1539
4	鶴西	オルナ　オーガニック（ALLNA ORGANIC）	オルナオーガニックシャンプー無添加ノンシリコンアミノ酸系洗浄／トリートメント500ml&500mlヒアルロン酸コラーゲンビタミンC誘導体セラミド配合	3800
5	P&G	パンテーン	パンテーンセットエクストラダメージケアシャンプーポンプ450mlコンディショナーポンプ400gミニミルクトリートメント30ml	792
6	I-ne	BOTANIST（ボタニスト）	BOTANISTボタニカルシャンプー490ml&トリートメント490gモイストセット	2824
7	ストーリア	ダイアン	モイストダイアンパーフェクトビューティーエクストラシャインシャンプー&トリートメントセット450ml×2	997
8	ナンバースリー	ナンバースリー	ナンバースリーフォーシーポンプセット（シャンプー1L・トリートメント1kg）	3420
9	ライオン	オクト	【まとめ買い】オクトシャンプー320ml×2個セット（医薬部外品）	776
10	タカラベルモント	ナチュラルヘアソープ&トリートメント	ルベルIAUイオクレンジングリラックスメント（シャンプー）600ml&イオクリームシルキーリペアトリートメント600ml	4220

出所：itsumo.Inc調査

そこで、メーカーとしては、価格が高い商品はドラッグストアより大きな売り場を持つイオンやイトーヨーカドーなど総合スーパーに持っていくということになります。

値段については、配送料の問題もあるでしょう。アメリカなら1・2億世帯に対して配送料無料のプライム会員が8000万人以上もいるので、値段が安くてもいいのでしょうが、日本はまだプライム会員でない人のほうが多いので、「配送料を払ってまで安いシャンプーを買いたくない」という意識が働いているといえます。

いずれにせよ、アマゾンとドラッグストアで健闘しているブランドが違うということは、**これからアマゾンに参入しても、売上アップのチャンスは十分ある**ということ。「メーカーの方たちは、なぜもっとアマゾンを活用しないの?」と声を大にしていいたいところです。

そんな中、いち早く動き出したのが化粧品メーカーのコーセーです。前ページの図と同じ2018年10月にアマゾンの「スポンサープロダクト広告」(詳細は後述)と呼ばれる検索画面の広告枠に出稿していたシャンプー上位5つのうち、コーセーブランドが4位までを独占していました。

同社は、実店舗とデジタルカタログで並べる商品を棲み分け、新しいダメージケアシャンプーをデジタル中心で売るため、アマゾンに広告を出し、販売を強化する戦略に出たのです。

まだまだネット通販でのブランド順位にノーマークのメーカーが多い中、本気でアマゾンに乗り出す企業があらわれたことで、今後、各企業の商品の売れ行きにも影響が出ると思われます。

もちろん無名のブランドであっても、デジタルカタログで1位を取ることは可能です。

「ボタニスト」というシャンプーは、楽天では有名でしたが、一般的な知名度はとても低いブランドでした。

それが、**ネット通販を制し、大手ブランドを超えて売れるようになったことで、今では実店舗から逆指名を受け、ドラッグストアのゴールデンゾーンにも並ぶブランドに育っています。**

本来、営業マンや広告費をかなり動かさないとドラッグストアやコンビニの棚は取れないといわれますが、そんな常識を軽々と超えてしまったのです。

無名のブランドがネット通販で売れて全国的に有名になり、実店舗でも売上をアップできるようになる。この流れは、販売元にとって一つの「夢のゴール」ともいえるものです。

アマゾンでいい棚を取るのは容易ではない

もう少し深く入って、アマゾンで消費者が商品を買うまでの流れを追ってみましょう。

まず、実店舗では、テレビCMや新聞・雑誌広告、ネット情報などでAという商品に興味を持ち、お店に行って、売り場に足を運びます。でも、実際には似たような商品がほかにもあり、目移りしてしまう。そこで、どの商品が自分にとってベストか、商品POPやパッケージなどを読みながら比較検討、最終的に選んだ商品をレジに持って行ってお金を払うのが購入までの一連の流れです。

一方のアマゾンも、実はまったく同じ動線で購入に至ることになります。

主にネット上で見た広告や情報でAという商品が気になり、アマゾンで検索。検索結果のページに行くと、ほかにもいろいろな種類があって迷ってしまい、いくつか気になる商品のページを開いて写真や商品の説明、買った人のレビュー（評価）も見て比較検討。そのうちの一つをカートに入れて、支払画面で決済方法、お届け先を指定し、購入完了です。

先ほどから出てくるデジタルシェルフ、つまり検索結果ページは、実店舗でいう売り場の棚をさします。

たとえば「コードレス掃除機」というキーワードでアマゾンで検索したときに表示されるページ、あるいはパナソニック、日立の「コードレス掃除機」といったブランド名で検索したとき、「コードレス掃除機　人気ランキング」で検索したときに表示されるページもすべて「デジタルシェルフ」です。

ただし、デジタルシェルフだからといって、「棚が無限にある」わけではありません。PCで「コードレス掃除機」で検索すると、たしかに20ページ分もの候補が出てきますが、実際に売れるのは最初の1ページ目に載っている商品がほとんど。しかも、ページ内にある9列36商品枠のうち、ランキング上位の商品と区別がつかない仕様でクリック広告（ユーザーが広告をクリックするごとに、広告主がアマゾンに報酬を支払う仕組み）が12枠も入っていて、その広告商品が画面上もっとも目立つ一等地にあるのです。

つまり、**「売れる棚」はごくわずか。この限りある一等地をめぐって、各ブランドが枠を取り合うマーケットになっているのが、アマゾンのデジタルシェルフなのです。**

このページ上で現在、一等地を確保している企業は、自社ブランドを守るために広告予算をかけ、下のほうに位置する企業は一段でも上位に行くために広告予算をかけるというし烈な戦いが繰り広げられているのです。

そこで、あなたの会社がしなければならないことは、まず、**検索結果の1ページ目の棚に商**

品を並べることです。それが、**アマゾンで売上をアップさせる大前提**になります。

その中でもゴールデンゾーンに並べてもらう＝「一等地占有率を上げる」こと、その場所に並べ続けてもらう＝「カバー継続率」が大事なポイントになります。

そう聞くと、「結局は、実店舗と同じだ」と思うでしょう。当社の調べでは、ＰＣ画面では２列目、スマホ画面では上位５番目までのゴールデンゾーンが売上全体の約70％を構成するというデータも出ています。


ここでは、次の３点をしっかり覚えておいてください。ネット通販に出せば売れた時代はもう遠い過去のことなのです。

①検索結果ページ（デジタルシェルフ）に並んでいなければ、買われることはない
②できるだけ上に並んでいる必要がある
③この売り場は広告で押さえることができる

ネット通販でパッケージ革命が起こっている

もう一つ、ネット通販には、「パッケージが大事」という特徴があります。

図7はアメリカで販売されているスナックバー（ＲＸ Ｂａｒ）ですが、左がもともとのパッケージ、それを右のパッケージに変えたことで、アマゾンで爆発的に売れ、もともと小さな会社だったのが、最終的にシリアル食品で有名なケロッグに買収されるに至りました。

では、何を変えたかというと、もともと裏面にあった原材料の表示を表に持ってきたのです。当たり前ですが、デジタルカタログでは商品を手に取ることができません。健康志向の人であれば裏表示も読みたいところです。

しかし、商品写真には制約もあり、「体に悪いものは入っていません」と知らせるためには、商品名や商品説明など、コピーで補うしかありませんでした。

そのネット通販の制約を逆手に取り、パッケージの表に商品情報を入れることで、商品に対する安心感、同じような他社商品との差別化を同時につくり出すことに成功したのです。

実は、日本でもこうした取り組みが始まっています。「ロハコ（ＬＯＨＡＣＯ）」はアスクルがヤフーの協力により運営するネット通販会社ですが、ロハコとメーカーがコラボレーション

図7　ネット通販ではパッケージが鍵を握る

スナックバー

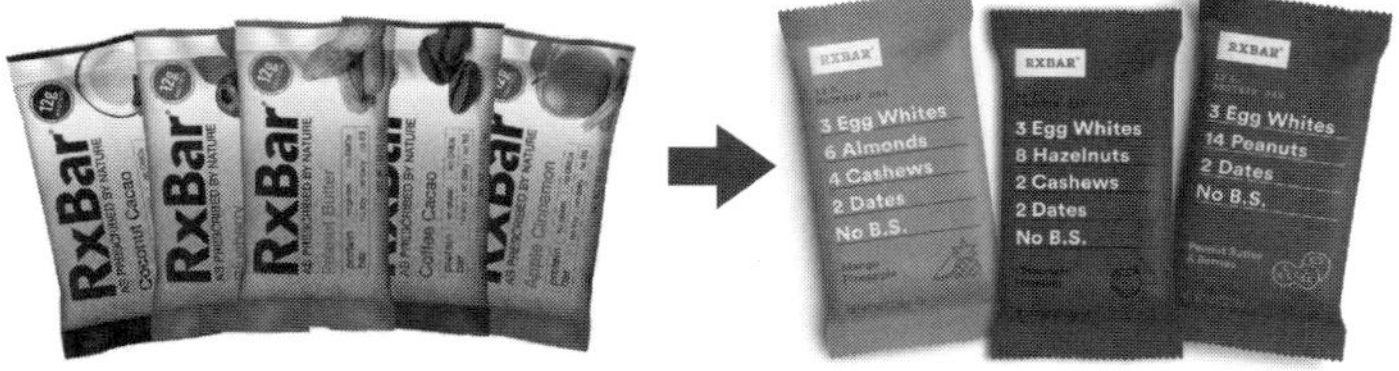

裏面にある原材料表示をパッケージの表面に出すことで
強みと安心感を同時に伝える

➡ 結果、実店舗での売上も伸びる

➡ さらにケロッグに買収される

出所：Kellogg（ケロッグ）

して、既存の商品を新たにデザインする企画（LOHACO ECマーケティングラボ）が行われ、マーケティングの新しい方向性として注目されているのです。

「LOHACO ECマーケティングラボ」とは、ロハコのサイトや市場統計データに関するビッグデータ（「購買データ」「ページビュー」「訪問者数」）などからお客様の行動を解析、ライフスタイルを的確に把握することで、ラボ参加企業が行う〝お客様に寄り添った商品開発〟を支援するものです。

たとえば、発表された商品の一つに花王の消臭剤「リセッシュ除菌EX デザインボトル」（ネット通販限定）があります。普通なら、店頭でほかの消臭剤と並んだとき、「どうすれば消費者の関心を引き、手に取ってもらえるか」という観点でデザインされます。そのため、商品の効果・効能が前面に押し出され、目立つことが優先されます。

ところが、いざ家に置くとなると家具やインテリアとなじまず、棚の奥にしまわれてしまう傾向があったと、ラボは分析しています。

しかし、ネット通販であれば、店頭で目立つためのパッケージは必要ありません。商品情報は商品ページで説明できますから、「家の中でどんな場所に置かれるのか」という視点で、日々の生活になじむデザインを追求した結果、インスタ映えするやわらかなパステル調のデザインパッケージが30〜40代の子育て世代の心をつかみ、「こんなおしゃれな消臭剤がほしかった！」と、ジャケ買いならぬ〝パケ買い〟で大ヒット。通常商品より価格を20円アップしたにもかかわらず、1年間で従来デザインの約11倍の売れ行きを達成したそうです。

成功例はほかにもあり、ネット通販でも「パッケージ革命」が起こりつつあるといえます。ただし、カートに入れても、ユーザーは支払いの段階で冷静さを取り戻し、急に細かいことが気になってくるものです。

商品ページでしっかりと機能・特徴を伝え、良心的なレビューを多く集める努力をすることが大切です。最後の最後は、「**消費者は検索結果ページに載っている情報で商品を買ってい**

る」ことを忘れないでください。

ナショナルブランドが実店舗から消える日

さて、ここまで足早に検索結果ページ、つまりデジタルシェルフの上位に表示される必要性についてご説明してきましたが、「ネット通販でも売上を上げましょう」というだけでなく、実店舗にもこれまでに各メーカーが経験したことのない異変が起き、ブランドに危機が迫っているからこそ、デジタルカタログに目を向けることが重要であること。さらに、小売とメーカーの境目がなくなり、メーカーが自ら直販に参入しなければ、今後は生き残れなくなることを次にお話ししたいと思います。

日本でもっとも大きな小売企業、イオンの岡田元也社長が、「NB（ナショナルブランド）は今後、急速にしぼむとみている。脱NBが進む」と語り、ネットメディアなどで「食品メーカーブランドの商品が絶滅の危機に瀕《ひん》している！」と話題になったのをご存じでしょうか。

たしかに、イオンの店内に一歩足を踏み入れると、イオンが開発したPB（プライベートブランド）「トップバリュ」があちこちの売り場の棚で目立っています。

さらに、イオンと並び、セブン－イレブンでもＰＢ「セブンプレミアム」に力を入れています。

この2社で食品マーケットの多くを押さえているのですから、そのうちの1社による「脱ＮＢ化が進む」発言によって、現在、食品業界で圧倒的なシェアを持っているＮＢメーカー、2番手、3番手につけるメーカーは強い危機感を覚えているのです。

たしかに、以前、イオンの棚には数々のＮＢ商品が並べられ、ＰＢは端のほうに置かれているだけでした。ゴールデンゾーンはＮＢが独占。売上が高いのもＮＢでした。

ところが、今は反対にその位置をＰＢ商品に奪われ、ＮＢは棚の片隅に追いやられることが増えています。このままいけば、誰もが知っている○○ラーメンも、ポテト○○○も、売り場から消えてしまう可能性があります。

アメリカでも「ＰＢの強化」が注目ワードとして再び脚光を浴びています。

もともとアメリカのＰＢは日本よりかなり早い段階で伸びました。オーガニック食品専門の人気スーパーマーケットの「トレーダージョーズ」では、10年前から販売している商品の約80%がＰＢです。トレーダージョーズがアメリカで最初に起きたＰＢブームの火付け役でした。

その後、トレーダージョーズのブームは一時期下火になったものの、今はまた盛り返し、ブランド力に頼ることなく、独自のマーケティング戦略で顧客との信頼関係を築いています。
PB商品も以前は品質より安さが売りでしたが、リーマン・ショック後の景気の低迷でNBの価格下落が進んだあとは、「NB以上の品質で価格は安く」をコンセプトに商品を開発。現在では、NBより品質が高く、値段も若干高いものが増えてきています。

消費者のPBに対するイメージも「安かろう悪かろう」から、「高くてもいいからほしい」ブランドへと変化。アメリカではトレーダージョーズをはじめ、PBのほうがむしろNBより支持されています。「PBにはその食品ストアならではのこだわりがある」「PBのほうが健康で安全だ」という捉え方が定着し、お気に入りのPB商品を買うためにわざわざ食品ストアに向かう人がどんどん増えているのです。

消費者のマインドの変化を見て、アメリカの大手小売企業の「ウォルマート」「ターゲット」「クローガー」「アルバートソンズ」も、「さらにPBを戦略的に増やす」と発表。PB化を加速させるため、巨額の商品開発費を投入しています。
PB化の傾向としては、各社とも、ミレニアル世代（1981～1996年生まれ）、Z世代（１９９７年以降に生まれたデジタルネイティブ世代）など、若い世代の価値観に合わせた商品づくりに力を入れています。

特にアメリカの若者の間では自然志向、ヘルシー志向が顕著であり、オーガニック商品の売れ行きが好調のようです。

小売がメーカーになろうとしている

日本でも、セブンプレミアムのハンバーグシリーズは「レストランを思わせる完成度」と評価され、一人暮らしの若者だけでなく、主婦層や高齢者にも人気の商品です。では、実際にどれほどＰＢ商品が売れているのでしょうか。

ＰＢのメーカー別市場規模を見ると（日経業界地図・２０１７年版掲載データより）、市場全体で２兆７１６２億円であるのに対して、セブン＆アイが販売する「セブンプレミアム」が1兆10億円、イオンの「トップバリュ」が７６３７億円（いずれの数字も２０１５年）で、その合計は全体の65％近くに達しています。

イオンやセブン‐イレブンのような小売店舗が、〝ここでしか買えない人気のＰＢ商品を開発し、お店にくるお客様の数を伸ばす〟という動きは、ライバル店の顧客を奪うオフェンス策であると同時に、実は、アマゾンをはじめとするネット通販へ自社のファンが流出するのを防ぐ重要なディフェンス策にもなっています。

さらに実店舗は、どんどん良いものがつくり出せるメリットを持っています。お客様とのつながりを強力な武器にデータを直接手に入れ、その豊富なデータを商品開発に活《い》かすことができるのです。

それぞれの業界で勝ち抜くために、小売は今まさに、メーカーになろうとしているといってもいいでしょう。

ちなみに、少し話はそれますが、アマゾンも小売には違いありません。大量の購買データを活用し、各国でPBを販売。アメリカではファッションのPBを複数展開し、アパレルの売上2位（1位はウォルマート）に位置しているほか、2017年からは家具のPBを発売しています。

日本国内でも食品・飲料のPB「ハッピーベリー」、日用品ブランドの「プレスト」、食品・日用品を扱う「ソリモ」、ベビー用品の「ママベアー」、アマゾンプライム会員限定の食品ブランドなどを展開していますが、**2018年に、それら消費財カテゴリーのPBを拡充する**と発表。消費財カテゴリーにおけるPB商品は60種類以上になるといいますから、スーパー、コンビニ業界との戦いはますますヒートアップしそうです。

ファッションのEC大手のZOZOTOWNもPB商品を販売し始めています。こちらも大量の購入データを活用して商品を開発。小売がPBを販売する流れと同じだと理解してよさそうです。

話は戻って、一方のNBメーカーは、これまで卸売業者や実店舗を通して商品を販売してきたため、お客様の直接的なデータを持っていません。その上、実店舗の棚からも追い出されそうになっています。

追い詰められた状態から活路を見出《みいだ》すには、腹を決めて自らデジタルに進出し、直接お客様に販売してデータを入手して、よりよい商品を開発し、生き残っていくしかない……というのが、最新の流通の大きな流れです。

そのトレンドをもう少し先読みすると、イオンのような大手のみならず、マーケティングに詳しい地域の小さな小売店が、仕入れ商品のほかにPB商品を開発するケースがこれまで以上に増えていくかもしれません。

そして、**そのPBを認知させるためにアマゾンなどを使って販売力を強化し、アマゾンで売れる商品になれば、大きい小売店からも声がかかるようになり、全国展開もあり得る**というわけです。**小売とメーカーの境目がなくなり、それによってデジタル活用がさらに活発になる時**

代は、すぐそこまできているのです。

デジタルネイティブに昔の売り方は通用しない

かつて、売り場が限られていた頃、ものが売れる仕組みは簡単でした。私たちはそれを「シンプルマーケティング」と呼んでいますが、CM（マス広告）をたくさん打つ資金力と、売り場の棚を押さえる営業力さえあれば必ず売れていた時代が、今では懐かしく思えるほどです。

今は実店舗で買う人もアマゾンや楽天市場などのECサイトで買う人もいて、売り場が分断され、複雑化しています。今後の消費行動のカギを握るZ世代＝デジタルネイティブ世代は、生まれたときからスマホやタブレットがあり、SNSなどのソーシャルメディアがあふれています。

9割以上がモバイルデバイスを持ったまま寝てしまうという調査結果もあるほどで、常にインターネットと接続されているのが当たり前の環境です。

アメリカでも、「**スマホは1日の中で6分おき、もしくは1日150回画面を見ている**」というデータがあり、こうした調査からも、もはやマス広告は通用しないことが見てとれます。

広告はリアルからリスティング広告（インターネットの検索ページの一番上に掲載される広

告）やソーシャルメディア広告など、**広告を見せたいユーザーをセグメントしやすいインターネット広告へと移行しています。**

そして、広告だけでなく、**商品開発もマス向けはなくなり、世代や価値観ごとに小ロットでつくっていくセグメント開発へ進化している**のが現状です。

小売がメーカーになる上でのアドバンテージは、先ほども述べた通り、「大量の購入データ」を持っていることです。性別、年齢、商品の好みを正確に握っているほか、商品の構成要素である素材や原料についても細かいデータを持っています。だからこそ売れる商品がつくれるのです。

購入データから性別、年齢別の好みをすぐさまキャッチするため、市場はあまり大きくはならないものの、開発スピードが速く、ターゲット層からの支持は強いのが特徴です。したがって、商品のライフサイクルはどんどん短くなる傾向で、ロングセラー商品という概念はなくなっていくと予想されています。

短いライフサイクルを維持するためには、自社ファン（ロイヤルカスタマー）の存在はより重要になると考えられます。

売り方の発想が180度変わった！

では、小売業がPBをどんどんつくり、メーカーとして機能していく中、売り場の棚から押し出された形のブランドメーカーはどうしているのでしょうか。

すでにアメリカでは、「本当はやりたくないけれど、買い物客がいるところに自分たちが出ていって商品を売る＝直営店舗を出すしかない」という動きが始まっています。

たとえば、シリアル大手のケロッグが、メーカーとしての需要の巻き返しを図って、2016年、初のシリアルレストラン「ケロッグNYC」をニューヨーク・タイムズスクエア内にオープンしました。

また、別のやり方として、**「小売企業に卸して終わり」という従来モデルから、自らECの運営にかかわり、製造からお客様の手元に届くところまで一気通貫でサービスを行う仕組みを構築し始めているメーカーもあります。**

ここで、覚えておいていただきたいのが「D2C（Direct to Consumer）」という言葉です。

ひと言でいえば「消費者に直接売る」という意味で、アメリカで流行《はや》り始めたマーケティング用語です。

これまでのメーカーは、商品を企画・製造したら販売は小売に任せ、消費者データがほしい場合は、お金で買うのが常識でした。

ところが、D2Cモデルでは、企画→製造→販売→梱包してお届けまでを自分たちの手で行いますので、発想がまったく違います。必要となる人材が異なるのはもちろん、ショッピングサイトのつくり方、ネット通販の集客方法や広告の打ち方、物流の知識など、これまで体験したことのない業務が連なっています。**そうやって苦労した代わりに得られるのが、消費者データであり、お客様からの評価**です。

しかし、メーカーも望んでデジタルへ行くわけではないため、自分たちが苦手な領域を一から勉強するより、デジタルを得意とし、すでにECで売上を伸ばしている企業を買って、技術を自社に吸収しようという動きもあります。

P&Gやロクシタンなどは、自分たちでつくるより買ったほうが早いと、ECに精通したメーカー企業を買収する動きを始めています。

もう一つ、忘れてはならないのが、アマゾンの活用です。アマゾンを活用すれば、ショッピングサイトをつくる手間がかからず、商品を登録＝アマゾンの商品棚に載せれば、あとはアマゾンが全部やってくれます。

さらにアマゾンの倉庫に商品を預ければ、受注・梱包・発送までやってくれる。ある程度の顧客データも手に入り、次の商品開発に活かすことができます。ただし、棚の「売れる位置」に商品を並べるには、**「商品ページの質を高める」「好意的なレビューを集める」「アマゾン広告を最大限活用する」**などのテクニックも必要で、アマゾンのことをしっかり研究する必要があります。

もちろん、アマゾンだけでなく、日本の場合はほかにも楽天市場、ヤフー！ショッピング、ＺＯＺＯＴＯＷＮといったネット通販の巨大ショッピングモールがあり、それぞれ客層が異なるため、可能性のある媒体はすべて活用したほうがいいのですが、「アマゾンで見つからない商品はない」というほどありとあらゆる商品を展開し、購買意欲の強いユーザーを惹きつける効率的な検索ページ、シンプルでわかりやすい商品ページ、早く届く配送モデルなど、アマゾンほど売れる条件がそろっているＥＣサイトはないといっても過言ではありません。

アマゾン活用が増えている理由は、①ルールがわかっている、②販促効果が安定している、③リピート購入が増えている、などが挙げられます。

さらにアマゾンにはどんな特徴があり、どんな個性、クセを持っているのかは、次章で詳しく述べていきます。

「D2C」の3つのモデルとは

日本にはまだそれほど浸透していないD2Cですが、基本的に3つのモデルがあります（図8）。

まず、第1モデルは、もともと卸をメインにし、小売店舗に商品を並べていたメーカーが、アマゾンや自社ECサイトを一つの媒体として試験的に運営しているケースです。

既存の媒体のウエイトが圧倒的に高く、EC化率が5％程度と低いのが特徴で、商品は小売で流通しているものと同じです。価格設定の面で小売に気兼ねし、ECだからといって価格をなかなか下げられないため、ネットでの販売力も低いモデルといえます。

第2モデルは、小売への卸とECが半々ぐらい。商品は実店舗と同じですが、ネット通販と実店舗で多少値段が違っても、問題視しません。

また、返品の受付や問い合わせ、購入特典やポイント還元などのインセンティブといったサービス内容のレベルも実店舗と変わりません。そうなると、売上比率も上がってきて、年間売上100億円の会社であれば、20億円ぐらいがECの売上になってきます。この比率はさらに

図8　D2Cの3つの形態

第1モデル	第2モデル	第3モデル
・卸をメインにして、ECをアマゾン・楽天や自社ECで1つのチャネルとして運営 ・既存チャネルと衝突しないように運営されている ・商品は小売で流通しているものと同じ	・卸とECは同列のチャネル ・チャネル衝突を気にせず消費者重視でチャネルを運営 ・商品はリアルと同じであるが、サービスは独自のものを提供	・ECをメインチャネルとして、ECのみで販売する商品を企画開発 ・自社ロイヤリティプログラムなどを実施 ・リアル以上の購入体験を提供する
（指標） **・売上規模：年間5000万〜1億円** **・EC売上比率：5%** **・マーケティング費用：10%（売上対比）**	**（指標）** **・売上規模：年間1億〜10億円** **・EC売上比率：10〜20%** **・マーケティング費用：30%（売上対比）**	**（指標）** **・売上規模：年間3億〜30億円** **・EC売上比率：70%** **・マーケティング費用：30〜50%（売上対比）**

伸びていくと予想しています。

第3モデルは、基本的に卸を考えていないメーカーです。ECをメインの媒体として、ECのみで販売するネット専売品を企画開発。価格設定は実店舗より高めに設定しています。

日本の例でいうと、「ボタニスト」や男性用シャンプーでECを制した「アンファー」は、この第3モデルからのスタートでした。

値段は高いけれども、その分、商品の品質や原材料にこだわり、実店舗で売られている商品以上のリッチ感や、満足感を得られるのも第3モデルの特徴です。

実店舗の棚取りが難しくなり、売上が落ちていく中、アメリカの多くのメーカーが、今、第3モデルを目指しているといわれています。

日本のブランドは、まだ第1、第2モデルあたりで試行錯誤しているところです。

一部、資生堂など大手が、ツイッター、ブログ、レビューといったデジタルデータに基づいたネット通販専売品を開発しています。

資生堂の場合は、ターゲットをミレニアル世代の20代女性・見た目の派手さより本質的な価値を求める人とし、デジタル化に対応したシンプルなパッケージの本格的な化粧品ラインを発売しています。

その一方で、「ボタニスト」や「アンファー」のようなデジタル発のブランドが、第3モデルからも抜け出して、**デジタルの売上を伸ばしながら実店舗の棚にも入ってくるケースもあります**。私たちはそれを「第4モデル」と呼んでいます。

その事例の一つとして、「アンカー」という、男性ならよくご存じのモバイルバッテリーのブランドメーカーがあります。アマゾンでずっと1位を取っていた商品ですが、実店舗には一切置かれていませんでした。

ところが、アマゾンでブランディングされたことで一気に知名度がアップし、ついにはビックカメラから「うちの棚にも置かせてほしい」とオファーがきたのです。

ここまでくると、本物のD2Cになります。

D2Cも進んでいくと、たとえば海外のコスメブランドでは、ブランドの梱包で、箱の中に香水が吹きかけてあって、ブランディングを維持するということをやっています。

百貨店のブランドショップに若い人の足が向かない中、ECで買った人とブランドとの接点は〝箱〟であり、そこがきちっとマーケティングされていると、「さすが〇〇！」ということになります。

「最後の最後までブランドとして手を抜きたくはない」「メーカーとして直接売ったお客様をどうおもてなしするか？」ということにもメーカーは関心を寄せているのです。

アメリカのD2Cは日本よりずっと進んでいますが、日本も2年後には第3モデルにメーカーがひしめき合うことになるでしょう。今後、次々と「ボタニスト」「アンファー」「アンカー」のようなブランドがリアルの棚に押し寄せてくれば、第1モデルのメーカーにとっては、さらなる逆風が吹くことになります。

あなたの会社の商品が、消えるブランドではなく、伸びるブランドになるには、2年という猶予期間にアクセルを踏み、消費者がもっとも時間を費やしているネット通販上で、しっかりとマーケティングを行う必要があるのはいうまでもありません。

Ｄ２Ｃに活路を見出し、アマゾンのデジタルシェルフを制することで生き残っていくという
ストーリーが水面下ですでに進んでいます。
なんらかのアクションを始めるとしたら、それは〝今〟です。

第２章

アマゾンの
野望を知れ！

アマゾンエフェクトは全企業にとっての脅威

アマゾンは、買い手と売り手を直接つなぐ巨大なプラットフォームです。これからアマゾンを使いこなし、売上アップを狙うあなたに、第2章では、アマゾンの特徴をしっかり理解してもらおうと思います。

あらためて、日本のアマゾンを取り巻く環境をお話ししますと、約140兆円の小売市場のうち、ECはまだ約10兆円にすぎませんが、そのうちの半分以上をアマゾンと楽天市場が占めています。

百貨店やスーパーが伸び悩む中、当社のデータではアマゾンが前年比約120％、楽天は約110％の伸び率を示しています。売上＝お客様との接点ですから、伸び盛りのECとつながるのは必須といえるでしょう。

しかも、デジタルネイティブ世代、ミレニアル世代はスマホで買い物をするのが常識。あるインターネット調査で15歳から59歳までの男女2700人以上にアンケートを取ったところ、**10代の84・7％がアマゾンサイトを利用する**と回答しています（図9）。

20代でスマホでアマゾンを利用するのは77％、アマゾンが好まれる理由として、狭いスマホの画面の中でも写真の背景が白くて見やすい、選びやすい、探しやすい（検索しやすい）サイ

図9　主要モールの年代別スマホによる利用状況

	2017年	全体	10代	20代	30代	40代	50代
	合計	2577	209	492	590	718	568
1位	**Amazon**	77.7%	**84.7%**	**77.0%**	**75.1%**	**80.1%**	**75.5%**
2位	楽天市場	53.1%	25.8%	43.5%	56.8%	60.9%	57.9%
3位	Yahoo!ショッピング	29.3%	8.1%	15.0%	26.9%	36.6%	42.8%
4位	メルカリ	15.4%	1.0%	2.2%	3.6%	4.3%	3.7%
5位	ZOZOTOWN	12.7%	17.7%	18.7%	16.3%	8.6%	6.9%

調査期間：2017年12月20日〜12月21日
有効回答：2780人
調査方法：インターネット調査
調査対象：スマートフォンを所有する15歳から59歳の男女

出所：MMD研究所

トであるというのが、若者の心をつかむフックになっていると考えられます。

また、商品情報を調べるとき、約30%の人が最初にアクセスするサイトとしてアマゾンを訪れています。それに対して、グーグル、ヤフーなどの検索エンジンは半分の約16%。アマゾンは商品を買うサイトですが、もはやなくてはならない検索サイトでもあるのです。

利用者のこうしたアマゾン依存の状況も含めて、「アマゾンエフェクト」とも呼ばれ、注目されています。

顧客の時間をいかに奪うか

アマゾンのIDを使うと、スマホアプリで簡単に決済できるのも魅力の一つです。いつでも、どこでも、ワンクリックで買い物ができる「今すぐ買う」ボタンは、配送や支払いの情報をいちいち入力する必要もなく、ワンタッチで注文が確定するシステムです。

このボタンが、実はモバイル世代の囲い込みに絶大な威力を発揮してきたのです。

モバイル世代は、特有の買い物行動パターンとして、商品を選んでも、決済せずに「ショッピングカートに入ったまま」になっている、いわゆる「カゴ落ち」が多いといわれています。ある調査では**70％近くが未購入のまま、放置されていた**そうです。

電車の中やホーム、友達を待っている間、ランチタイムなど、細切れの時間で買い物をすることが日常となっているため、次の行動が差し挟まれると動作が中断されてしまうというのがその理由です。

ところが、このボタンができたことによって、商品を選ぶだけで決済が終了し、ユーザーの利便性を向上させただけでなく、アマゾンにとっても商品の購入率が上がるというメリットを生み出しました。

ワンクリック購入の仕組みはアマゾンが特許を持って独占していましたが、特許の期限が切れたことで、今後は多くのＥＣサイトが同様の機能を取り入れると見られています。

「この小さな瞬間が重要だ」とグーグルも言っているように、各モールの焦点は、以前は「お客様が月に使えるお金をどう奪い合うか」だったのが、今は「**仕事の時間、勉強の時間、ゲームの時間を縫ったすき間をどう奪い合うか**」になっているともいえます。

ユーザーにとってのわずらわしさを徹底的に排除した仕組みが若い女性ユーザーも惹きつけ、以前は、アマゾンといえば男性ユーザーに好まれ、本や家電が売れるイメージがありましたが、今ではファッション、美容、日用品にも強くなってきました。

さらには、「○○さんへのおすすめ」「よく一緒に購入されている商品」「この商品を見た人は以下の商品も見ています」といったレコメンデーション機能の充実で、ユーザーは選ぶ手間さえなくなりました。

お客様との接点の多さ、若年層の集中度を見るだけでも、アマゾンをプラットフォームとして商品を並べることに、もはや異議を唱える人はいないでしょう。

さらには、若い女性という、〝マーケティング上、どうしてもほしいユーザー〟が目の前に集まっているのですから、NBを持つメーカーにとっても、いよいよアマゾンは〝無視できない存在〟となりつつあります。

アマゾンを利用しないと若者に商品を知ってもらえない

消費者の行動は年々変化しています。アマゾンなどＥＣでの買い物が日常化している今、「ショールーミング」と呼ばれる行動パターンが目立っています。

ショールーミングとは、実店舗で商品を手に取って検討し、ＥＣで購入することをさします。重くてかさばるものでも、ＥＣで購入すれば運ぶ手間がありません。ＥＣのほうが安いことが多いという理由もあります。

それに対して、反対の行動パターンが出てきました。それが「ウェブルーミング」です。ショールーミングの逆で、ＥＣで検討して実店舗で購入するというものです。ショールーミングと比較するとまだ割合は低いものの、先ほどの「アマゾンの検索エンジン化」によってアマゾンが商品を知る入り口になり、昔でいうテレビ・新聞・雑誌の役割を果たしているのです。アマゾンはここでも消費者の購買行動を大きく変えています。

ちなみに、アメリカでは日本より早くウェブルーミングが始まり、デジタルの影響による商品購入の意思決定が全体の半分以上を占めています。

マーケティングの世界も「デジタル」と「リアル」を分ける時代は終わり、「デジタルマーケティング」という言葉も消えるだろうといわれています。

消費者が商品を「知る場」と「買う場」が時代とともに変化し、アマゾンは、その「知る場」と「買う場」の両方を兼ね備えるプラットフォームになりました。

売り手側から見れば、ショールーミングで売れても、ウェブルーミングで売れても、「売上につながればどちらでもいい」と思うかもしれません。

しかし、直接的な購入目的以外でもアマゾンが利用されるということは、検索結果の上位にいない限り、消費者の目に触れる機会が減るということです。

つまり、アマゾンの検索結果を強化しなければ、どちらの売上もダウンしてしまうということです。アマゾン内での露出の多さが、今後のあなたの会社の商品の売上を左右するといえるでしょう。

商品を指定してアマゾンで検索した場合も同様で、商品詳細ページがメーカーカタログの代わりになるため、消費者の心を迷わせないよう慎重につくり込む必要があります。

中でもアマゾンレビューが重要なカギを握ります。

若年層は、基本的にメーカーの売り文句を信用しないため、実際のユーザーの感想であるレビューの良し悪しが、購入を後押しする最後の決め手となります。

アマゾンの実態に迫る

実際にどんなユーザーがどのようにアマゾンで買い物をしているのか、２０１８年末に当社独自のアンケートを試みましたので、その結果をお伝えします。対象者は、アマゾンでの購入経験者で、最近アマゾンで買い物をした、リピーター男女５００人です。購入商品のうち、男性に偏りの多い本・ＤＶＤ・ミュージック・ゲームは除外して調査を進めました。

まず、「アマゾンでどれくらいの頻度で買い物をしますか?」という質問に対して、「月１回以上アマゾンで購入する」と答えた人は、全体の51％いました。これは、本以外でも日常的に商品を買う場所としてアマゾンが定着している様子がうかがえる数字です。

次に、どんなデバイスでアマゾンを使っているかといいますと、スマホとアマゾンアプリの利用者を足して全体の42％、20〜24歳のスマホとアマゾンアプリの利用者は78％にのぼりました。

若年層は家にパソコンがない人が多いので、スマホとアプリの利用率が高まるのはアマゾンでも同じ傾向が出ているということでしょう。

少し細かい問いもぶつけてみました。販売者サイドから見ると、消費者がどこを向いているのか気になることがあるものです。

そのうちの一つ、**「アマゾンの検索結果画面は何ページ目まで見ますか?」**という質問では、**「検索結果を3ページ目まで見る」と答えた人が67%いました。**

男女比率は女性のほうが多く、よくアマゾンを利用する人ほど、検索結果ページを深くめくって見る傾向があることがわかりました。

深く検索する人が思いのほか多かったのは、ブランドの指定がない場合、「もっといいものがあるかもしれない」という意識が働くせいでしょう。

あるいは、検索結果ページに出てくる広告を嫌って、あえてページをめくっている可能性も考えられますが、裏を返せば、1ページ目の上段に商品が並んでいなくても、ほしい商品のページまで探しにくるお客様が一定数いるということです。

そこで選ばれるためには、〝売れるページづくり〟をしておく必要があるのは間違いありません。

消費者はアマゾンの悪いレビューを重視している！

同様に、「アマゾンレビューをどう見ていますか？」という質問では、レビュー全体を信用していると答えた人が45％。また、**良いレビューより悪いレビューを参考にする傾向があること**がわかりました。ユーザーは、商品を買うつもりでいても、カートに入れようとした瞬間に「本当に大丈夫なのか？」と思うものです。そこで悪いレビューが多ければ、ドロップアウトしてしまうかもしれません。

ＥＣサイトにおいてレビューが大事だとはよくいわれることですが、このアンケート結果は、消費者は本当にレビューを見ているの？　という販売者側の疑問にストレートに答えるものになったと思います。

これに付随して、**「アマゾンレビューの点数に対する関心度」を聞く質問では、5点満点のうち、3点未満になると、劇的に購買意欲が下がる**ことがわかりました。マーケティング的な視点では「4点未満は要注意」といわれていましたが、消費者的には3点未満で買わなくなる確率が非常に高くなるという新たな認識ができたと感じています。

ただし、男女差はあり、**男性より女性のほうがレビューの点数を気にする**傾向があることがわかりました。

初めて買う商品は事前にアマゾンでレビューチェック！

では、実店舗購買へのアマゾンレビューの影響は、どのくらいあるのでしょうか。先ほど話に出たウェブルーミングに関するアンケートです。

「実店舗で商品を買う前に、アマゾンレビューを確認したことはありますか？」と質問したところ、**「よくある」「たまにある」と答えた人が、全体の60％**いました。

普段買っているものを買うときにわざわざレビューは見ないでしょうが、買い慣れていないもの、初めて買うものについては、この傾向があるようです。さらに深掘りし、「はい」と答えた人の内訳を見てみると、**20〜29歳の70〜80％がアマゾンレビューで確認して買い物をしており、アマゾンでよく買い物をする人ほど、実店舗で買うときもアマゾンレビューを確認している**ことがわかりました。

若い層はスマホでのアマゾンの検索に慣れているので、買い物だけでなく、商品の品質を確認する目的でもアマゾンを使いこなしていると予想できます。

最後に、アマゾンでどれくらいの人が衝動買いをするか、質問してみました。アマゾンはこれまで「目的買いの場所」といわれてきましたから、買いたいものを買ったらすぐアプリを閉じて、必要なものがないときは見ない人が多いと思われていたのです。

ところが、**89％の人が「特に買いたいものがなくても、アマゾンを検索する習慣がある」と答え、女性よりむしろ男性のほうが衝動買いの傾向が強い**ことがわかりました。

男性の衝動買いが多いのは、女性に比べて男性のアマゾンファンが多いことが起因しているかもしれませんが、アマゾンの商品詳細ページのつくり方はファッションもカーアクセサリーも同じで、女性から見て「楽しい売り場とはいえない」ことから男女差が出ているとも考えられます。

いずれにしても、楽天は食べ物やファッション関連に強く、衝動買いが多いという認識でしたが、楽天だけが衝動買いの場所ではないことがはっきりしました。売り手にとってプラスの要素が一つ増えたという感想です。

たとえば、アマゾンのサイト内には、今、たまたま見ている商品がソファでも、過去に化粧品を買った人であれば、化粧品の広告が出てくるような仕組みがあります。

ユーザーは別に化粧品がほしいと思ってサイトを見ているわけではありませんが、広告を目にすることで潜在的な需要が喚起され、「来月買おうと思っていたけど、どうせ買うなら、今、買ってもいいな」と、購買につながる可能性は十分に高まります。

同じ商品なのになぜ値段が違うのか

ここで、アマゾンをまだよく知らないという方、見方がよくわからないという方のために、ちょっとアマゾンの店内をのぞいてみることにしましょう。

アマゾンで商品を探していると、「同じ商品なのに、なぜ値段が高い商品と安い商品があるのか?」と思われたことがあると思います。

それは、アマゾンにはアマゾンが仕入れ、直接販売している商品と、アマゾンをプラットフォームとして販売している出品業者の商品、2種類の商品が存在するからです。

本書では、**アマゾンに商品を卸して売上を立てる企業を「ベンダー」、アマゾンに手数料を払って出品し、自らが商品を販売する企業を「セラー」と呼び分けます。**

見分け方が若干難しいのですが、セラーのほうが出品業者によるコントロールがききやすいと覚えてもらえたらと思います。

先ほどの「同じ商品で違う値段」は、型番が同じ商品を複数の業者(アマゾンの直販も含む）が登録すると、値段がバラバラでも自動的に1ページに統合されるためですが、その多くの場合、最安値の売り主が先頭に出てくるようになっています。

アマゾン側は「あくまでもセラーと同列で戦っている」と言っているものの、そこはアマゾンの土俵ですから、アマゾンが強いのは当然といえば当然のことで、やはりアマゾンが直販する商品の多くがトップを占めています。

ページの右端にある「こちらからもご購入いただけます」をクリックすると、次に安い値段の業者から順に表示される仕組みです。

商品ページに「この商品は、Amazon. co.jp が販売、発送します。」と書かれていれば、アマゾンの直販商品で、仕入れ、販売、管理、発送まで、すべてアマゾンが行っています。

一方のセラーには、2種類のパターンがあります。「この商品は、○○○が販売、発送します。」「この商品は、○○○が販売し、Amazon. co.jp が発送します。」というものです。

この違いは、セラーがお金を払ってアマゾンの倉庫に商品を預け、受注、梱包、発送までをアマゾンに依頼しているか、自前の倉庫、梱包材を使って発送するかによります。

発送方法も宅配便から定形外郵便、レターパックなどさまざまです。そのため、会社によって送料も異なります。

アマゾンに会社ごと飲み込まれないために

ここまで読むと、「メーカーならアマゾンに商品を卸したほうが数も売れるし、手間も省ける」と思われるでしょう。それはその通りなのですが、問題がないわけではありません。

アマゾンも小売店舗ですから、一度卸してしまえば、スーパーやドラッグストアと同様、**メーカーに価格決定権はありません。実店舗ならまだメーカー希望小売価格が通りますが、アマゾンではさらに価格を下げられてしまうことも多い**のです。

また、**受注にも出荷にもかかわらないため、アマゾンが持っている顧客データも渡してもらえません。**ゼロではありませんが、入手できるデータの種類はセラーを下回ります（追加料金を払えば、自社製品と一緒に買われたものが何かわかる「バスケット分析」などが入手可能）。

もちろん、アマゾンに納品すれば勝手に売れていくわけではなく、広告費もかかります。売上&便利さと引き換えに、メーカーは自由が利かないジレンマを抱えてしまうわけです。

アメリカでは、大手スポーツブランド・アディダスがアマゾンとパートナーシップを結び、アマゾン内でアディダス・ストア（アマゾン上にある自社ブランドの専用サイト）を展開。ネット通販の半分をここで売り上げているといわれています。

このことについてアディダスのCEOは、「アマゾンは消費者に対して最安値を提供するというアプローチをしており、アディダス自体が定価で商品を販売することが難しくなってくる可能性がある」「アディダスとしては、単なる販売データだけではなく、購入者の性別・年齢・評価など、さまざまなデータが次の商品開発のためにも重要だが、アマゾンから共有されるデータは限定されている」と、アマゾンに対する懸念材料があることを語っています。

しかし、アマゾンでの売上の大きさはアディダスにとっても無視できず、現在のところは良好なパートナーシップを維持しているようです。


なぜ、アマゾンはデータを出さないのかという理由については諸説あり、PBを強化するためという見方もされています。

この懸念について、同CEOは、「消費者はアディダスのブランドが好きだから買っているのであり、アマゾンが競合として脅威になるとは考えていない」と言っていますが、多くのブランドにとって、アマゾンがいずれ強力なライバルの一つになる可能性は大いにあります。

一方、「アマゾンは素晴らしいパートナーとはいえない」と考え、ベンダーからセラーに鞍替えし、自社製品に対するコントロールを維持しようとするブランドも増えてきました。

大手スポーツブランドのナイキもそのうちの1社です。発送も自社で行い、お届けする箱の仕様にも凝って、ブランドイメージを守ろうと考えるメーカーも多いようです。

日本はまだベンダー契約が多いのが実態ですが、アメリカの流れが2年遅れでやってきて、2020年にはセラーが増えてくる可能性が高いと思われます。

それとは別に、特定の商品だけアマゾンに卸し、あとはセラーとして販売するといった「ハイブリッド契約」を結ぶ選択肢もあります。ネット通販で成長するために、アマゾンが欠かせないのはわかっていますが、ネット通販に割ける人材確保・コストの問題もあり、アマゾンでうまくやっていくためにどんな戦略をとるべきか、みんな頭を悩ませているのです。

アマゾンで成功するために知っておくべきこと

では、メーカーはみなセラーとして販売したほうが、絶対的に有利なのでしょうか。

まず、**セラーはベンダーと違い、自社で価格をコントロールできます。**繰り返しになりますが、価格決定権を持ち続けることでブランド価値を守ることができるのです。メーカーに限らず、仕入れ商品であっても、価格競争の激しいアマゾンにおいて、このメリットはかなり有効です。

同じ商品を扱う企業が複数ある場合は、価格を下げることで検索結果ページの上位をキープすることができますし、どこも取り扱っていないマニアが求めるレアな商品を持っていれば、価格を引き上げることも可能です。

また、ベンダーはアマゾンのお客様の顔を見ることも、接触することもできないのに対し、自分たちが出荷まで担うのであれば、顧客のデータを手にできるのは大きなメリットです。

アマゾンから提供される情報も増え、自社の商品詳細ページを見た人が購入する確率「商品購入率」や「カートボックス取得率」「買った人が何回目の注文か」などの販売分析データも入ってきます。

「カートで一番売られている金額はいくらか」「上限、下限がいくらで、それによってアマゾン内でどれだけランキングが取れているか」という一覧表も手にすることができます。

そうした情報によって、何ができるかというと、商品詳細ページの改善を行うことができます。

今、アマゾンでは、商品の紹介の仕方とレビューが極めて重要だといわれています。お客様の反応がいいということは、商品詳細ページがユーザーにとって充実している証です。

写真や文字を接客の代わりとし、「どれだけ手厚いおもてなしができているか」が売れる商品の指標になります。そこで、数字を見ながら商品の画像を見やすいものに入れ替えたり、説明コピーを増やしたりすることで、商品購入率が上がった例はいくらでもあるのです。ページの充実とレビュー、さらに的確な広告を加えることができれば、それが成功の公式になります。アマゾンで売上アップを狙うなら、ぜひやってみることをおすすめします。

もちろんいいことばかりではありません。特に新規セラーはアマゾン直販に比べて信用度が低く、お客様の信頼を得られない=売れないことも予想されます。

また、15%程度の手数料がかかるため、利益率を上げようとすると価格を上げざるを得ず、価格競争力がなくなるデメリットもありますし、在庫リスクもあります。

そこでどう考えるべきか、また迷ってしまうと思いますが、**商品の認知度をアップさせたい、薄利多売でも売れたほうがいいならベンダー。商品の需要が見込めて、利益率を重視したいならセラー**というように、目的に合った使い方をしてみるのも一案です。

特殊な例としては、最初はセラーで契約し、次にベンダーで契約し直し、最終的にセラーに戻った企業もあります。

商品詳細ページには、ベンダーしかつくれない「類似商品と比較する」というコンテンツがあります。同じ商品を買ったユーザーの類似度を比較してグループ化したもので、ユーザーがこれを見れば、一目で「カスタマー評価」「価格」「送料」「色」「素材」「サイズ」「重さ」が比較できるため、ページに留《とど》まる時間が長くなり、その分、売上も伸びるのです。

この企業は、このコンテンツをつくり、またセラーへと戻りました。なぜなら、一度つくったコンテンツは契約形態が変わってもそのまま残るからです。これも売上拡大戦略の一つといえるでしょう。

「プライムマーク」の販促効果を見極める

アマゾンで買い物をしていると、「プライムマーク」をよく見かけると思います。あなたは、マークの意味を正しく理解していますか？　このプライムマークは、アマゾンプライム会員だけのものではありません。**プライム会員以外でも配送オプションが使える商品（アマゾンプライムの対象商品）であることを示すマーク**です。

アマゾンには通常配送（２０００円以上の注文で配送無料）のほかに、お急ぎ便・当日お急ぎ便・お届け日時指定便の３つの配送オプションがあります。

アマゾンプライム会員であれば、もちろんすべて無料ですが、会員でなくても、このマークがついていれば有料でオプションを利用できるというものです。お急ぎ便は500~540円、当日お急ぎ便は600~640円、お届け日時指定便は700円と、それなりの金額が設定されており、アマゾンで商売をしている企業にとっては、プライムマークがつくことで配送オプションがあることをアピールできるメリットがあります。

また、プライムマークがついていることで、検索結果ページの上位に表示されたり、商品詳細ページでも最短のお届け日が表示されたりすることで訴求力が上がり、カートの獲得率、購買率のアップが期待できます。プライムマークがつくだけで、大きな販促効果があるといっていいでしょう。

では、プライムマークがつかない商品にはどんな特徴があるのでしょうか。**セラー商品で、かつ、アマゾンの倉庫に商品を預けていない企業の商品は、基本的にプライムマークをつけられません。**プライムマークがついていないと、お客様が「プライムマーク商品だけの絞り込み」をかけた場合、商品が露出しなくなり、お客様との接点を失ってしまうデメリットがあります。

それから、プライムデーやタイムセールといったアマゾンのセールイベントはプライムマークのついている商品以外は対象外となるため、そもそも参加資格はなく、こちらも売上機会の損失となります。
もちろん、セラーでも一定の条件を満たせば、プライムマークの対象商品になります。選択肢は2つあり、1つは、「フルフィルメント・バイ・アマゾン」、通称FBAを利用すること。FBAとは、アマゾンの倉庫に商品を預け、在庫管理から配送、返品対応、カスタマーサービスまでアマゾンに代行してもらうサービスのことです。

アマゾンに預けたくない、自社で発送したいという場合は、「マケプレプライム（セラーが自身で出荷する商品にプライムマークをつけることができるプログラムのこと）」を利用することができます。

マケプレプライムへの登録は、アマゾンが提供する配送オプションの品質基準（出荷遅延率・商品キャンセル率）を満たせるかどうかトライアルを受け、合格することが条件になります。

しかし、一方で、プライムマークをつけることによるデメリットもあります。全国配送料無料や、返品の判断はアマゾンが行うなど、業者にとって厳しい条件をクリアしなくてはなりません。

不良品でなくても返品された場合、往復送料を自社負担しなければならないため、商品価格にその分を上乗せしないと利益計算が成り立たなくなる企業もあるでしょう。

一方、完全オリジナル商品を販売していて、カートの争奪戦そのものが行われず、プライムマークの有無は関係ないという企業なら、マケプレプライムにする意味はないかもしれません。これもまた、品ぞろえや企業の資金面での体力によって選択の仕方が変わると思われます。

「アマゾンタイムセール」で認知度を上げる

プライムマークがついていれば、アマゾンのセールイベントに参加する資格があります。アマゾンの大型セールというと、毎年7月の「アマゾンプライムデー」と、毎年12月の「アマゾンサイバーマンデー」があります。

この2つのセールは、価格が安いのはもちろんのこと、商品数の圧倒的な多さで、すべての商品をチェックするのは困難なほど大規模なイベントになっています。

特にサイバーマンデーは、アマゾンの中でも1年を通してもっとも売れるビッグセールです。12月は年末商戦もありますが、プライムデーはアマゾンプライム会員のみが対象なのに対して、サイバーマンデーはプライム会員でなくても誰でも利用できるからです（ただし、一般ユーザーの利用開始は、プライム会員が入店してから30分後）。

アマゾンユーザーにとって人気の高いイベントであるということは、売上を上げたい出品者にとっても見逃すことができません。自社ブランドを成長させる手段として、セールへの参加は非常に効果的です。

セール中はアクセスが集中し、購入も多くなりますので、その分、売上実績もついてきます。その結果、ランキングが上がり、キーワード検索の表示順位が上がり、セール終了後も上位に表示されやすい環境が継続してつくれるようになるのです。

2018年2月から、大型セールがない月はほぼ毎月、「アマゾンタイムセール祭り」という小規模なセールが行われています。**規模が小さいといっても集客力はバツグン**です。こちらも誰でも利用できるセールで、数量限定商品や人気商品はすぐに売り切れてしまうほど。それだけアマゾンタイムセールの安さに注目している人が多いということでしょう。

タイムセール祭りには、メインとなる2種類のセールがあります。**人気商品を一日限りのディスカウント価格で販売する「特選タイムセール」**と、**販売数の上限が決められている「数量限定タイムセール」**です。

数量限定タイムセールは、商品ごとに販売開始時間が決められており、ほしい商品を事前に探して、安売りされている時間を狙ってアマゾンにアクセスするという、アマゾンにしては手間のかかるルールですが、販売開始後に在庫数があとどれだけしか残っていないかリアルタイムで確認できる〝稀少性の原理〟で、高い人気を誇っています。

この数量限定タイムセールは、セールイベントにもかかわらず、日常的に行われています。

このほかにも、事前登録しておくだけで、セール期間中、アマゾンでトータル1万円以上の買い物をすれば、後日、購入額の3％～最大7・5％がポイントとして還元される「お買い得情報」もあります。

それぞれ条件は違いますが（「特選タイムセール」の条件は非公開）、メリットは、タイムセール商品だけを集めたページに載るため、お客様との接点が増え、売れれば確実に検索順位が上がること、検索から入ってきたお客様に〝お買い得商品〟との印象を植えつけることができるので、一時的な売上アップが見込めることです。

つまり、**セールを活用することが広告と同じ価値を持つ**といえるでしょう。

アマゾンプライム会員の転換率は優秀なネット通販ショップの7倍

ところで、8000万人まで数が伸びているアメリカのアマゾンプライム会員の顧客ロイヤリティ、つまり、アマゾンに対する信頼や愛着がどれほど高いか、あなたはご存じでしょうか。

ＥＣでは「転換率（サイトを訪れた人のうち、何％の人が買ったか）」という言葉を使いますが（この言葉は頻出するので覚えておいてください）、一般的なネット通販の平均転換率は約２％。転換率が10％、つまり10人がお店にきて１人買うようになれば優秀なネット通販だといわれる中、**アマゾンプライム会員の転換率は74％という驚くべき数字です。来店したお客様10人中７人以上が商品を買うお店、それがアマゾン**なのです。

プライム会員でなくても転換率は約15％と十分優秀なのですが、70％以上が買うとはどういうことかというと、「店に入る前から買うことを決めている」「ほかのサイトと比較をしないユーザーが多いということです。

先ほども触れましたが、アマゾンで商品を検索すると、最安値の販売者が表示されます。同じ商品を扱っている出品者はほかにもいますが、アマゾン内で価格競争を勝手にやってくれるので、ユーザーはほかの出品者と比較する必要がないのです。

詳しい商品情報、レビューも同ページ内で完結し、消費者視点に立った実に見やすいサイトづくりをしています。アマゾンなら確実にほしいものが安く見つかるという事前期待が高く、購買意欲がさらに高まると考えられます。

一般的なネット通販の転換率がなぜ落ちるかというと、ほかのサイトと比較して、「あっちの店のほうが安い」「ほしかったけど在庫がなかった」「配送が遅い」というのが大きな理由です。だから、お店に入ってはみたものの、何も買わずに出ていってしまう。

一方のアマゾンは、その反対で、値段が安く、在庫が豊富で、配送が早い。プライム会員であれば、送料無料で翌日、早ければ購入した当日には配達されるという大きなメリットがあります。最近では、「プライムナウ」といって、アプリを見ると、配達の自転車が今どこを走っているかまで確認できるようなプライム会員向けの新サービスも始まっています。「プライムナウ」は、アマゾンの売れ筋商品から冷凍食品まで、最短1時間以内に届きます。

一般的なデータとして、ネット通販の売上の50~75%はリピート顧客が占め、リピート顧客は新規顧客よりも購買単価が高いといわれます。

アマゾンはアメリカでは顧客のリピート率が9割近くあり、中でも購入金額の高いプライム会員が売上を引っ張る形で市場が拡大しています。そして、**これが日本の2年後の姿**でもあるのです。

アマゾンで売上を伸ばす広告とは？

次に、検索結果ページを見てみましょう。検索結果ページ＝デジタルシェルフの棚取りをしないと、売上アップにつながらないというのは第1章でも述べた通りです。少なくとも検索結果の1ページ目に商品が表示されることが重要で、2ページ目以降で商品を購入する人は全体の20％しかいないといわれています。

当社の分析では、**1ページ目の中でも最上位列がもっとも商品購入率（商品写真をクリックした人のうち、購入に至った割合）が高く、最下列にある商品と比べると約48倍の差がある**というデータもあります。

ところが、その一番良いポジションには何があるかというと、広告です。ここでは検索結果ページにどのような広告があり、どんな効果があるのか、理解していただこうと思います。

アマゾンを訪れる人は、「少しでも安く買いたい」「できるだけ早く手に入れたい」「アマゾンで一番レビューの多い商品はどれだろう」という気持ちで検索キーワードを入力します。そこで出てきたページでもっとも目立つ場所にあるのが「スポンサープロダクト広告」です。見た目はほかの商品と同じ体裁で見分けがつきませんが、よく見ると「スポンサープロダクト」と書かれています。

ですが、購買意欲の高いユーザーはそこには目もくれず、もっとも知りたい情報である値段やお届け日、星の数、レビュー数を素早くチェック。そして、「これが一番売れている商品だろう！」と商品写真をクリックし、商品詳細ページへ飛んで説明コピーやレビューを読み始めるというわけです。

1回クリックされるごとに広告費が発生する仕組みで、クリック課金型広告と呼ばれています。

PCで同じページを下までスクロールしていくと、全36枠ある商品枠のうち、「スポンサープロダクト広告」は8〜12枠。実に3分の1が広告で埋まっていることがわかります。アイテムによっては、同じ企業で複数枠を押さえているケースもあります。

しかし、広告枠はこれだけではありません。ページ1段目のさらに上に「スポンサーブランド広告」が出ている場合があります。

たとえば、「シャンプー」で検索すると、ヘッドライン部分にスペースがとられており、ブランドロゴなどのアイコン&キャッチコピーと3種類の商品を表示させることができます。アイコン脇にある「今すぐチェック」をクリックすると自社の商品だけがずらっと並ぶページに移動します。「アマゾン広告の中でもっともインパクトがあるのは、スポンサーブランド広告だ」という意見もあります。これもクリック課金型広告で、「スポンサー：〇〇〇」と表示されています。商標を持っている販売者がブランド登録をすると、出稿可能になります。

この2つの広告は総称して「スポンサー広告」と呼ばれ、グーグルやヤフーでいうところのリスティング広告（インターネットの検索ページの一番上に掲載される広告）に似ていて、検索している人をピンポイントで狙いたいときに効果的な広告です。

広告主が設定したキーワード、1クリックあたりの入札価格、アイテムなどの関連性などを加味してオークションが行われ、広告の掲載箇所が決まります。

良いポジションを獲得できれば、商品購入率が上がり、それによってカスタマーレビューが増えると、自然検索でも上位に上がって、さらに売上が伸びる。こうした好循環の波に乗れることが予想されますが、**アマゾンは売上金額ではなく、数を売らないと検索上位に上がらないため、長期的にユーザーに対して露出度を高める必要がある**ともいえます。

さらにページの左下に目を向けると、もう一つ広告枠があります。それが「商品ディスプレイ広告」です。商品ディスプレイ広告にはさまざまな種類、掲載パターンがあります。図10の検索結果ページにあるパターンもその一つ。商品詳細ページを中心に、指定した商品のカート

図10　検索結果ページに見られる広告掲載枠（PC版）

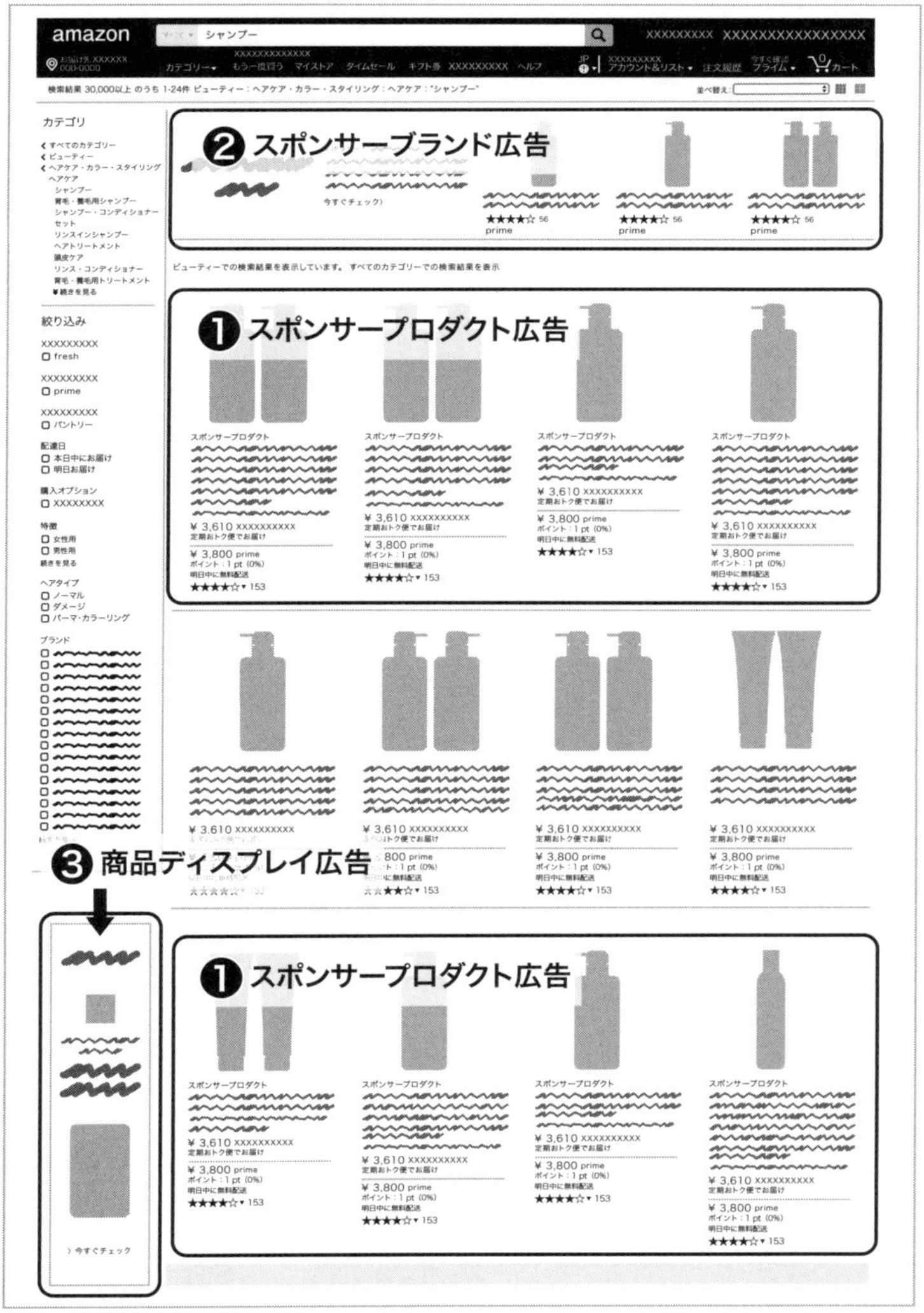

ボックスの下に表示させたり、カスタマーレビューページに表示させるなど、目的によって選ぶことができます。

この広告もクリック課金型広告ですが、スポンサー広告とは意味合いが異なります。キーワードではなく、ユーザーが閲覧中の商品や興味・関心によってターゲティングされ配信される、ブランド・商品の認知度を上げたい場合に有効な広告です。

商品によるターゲティングなら、アマゾン上で販売されている競合他社の商品を選択し、あえてぶつけることも可能なため、攻撃力の強い広告だといえるでしょう。

もう一つ、商品や興味・関心によるターゲティングを目的とした広告に「アマゾンＤＳＰ」があります。アマゾンＤＳＰとは、日本中のアマゾンユーザーに対して、バナーや動画でアプローチできる広告のことですが、アマゾンの閲覧データや購入データに基づいた広告配信が可能で、アマゾンサイトだけでなく、さまざまなウェブサイトやアプリを利用しているユーザーに広告を表示することができます。

アマゾンに出店する必要はなく、最近では金融系、旅行系などの活用も目立っています。広告主の目的は販促とブランディングで、商品の認知度アップ、商品の売上拡大、マッチするユーザーの発見を狙いとしています。

アマゾン広告は2年後に最大の山を迎える

アマゾンの広告事業が日本で本格的にスタートしたのは、わずか数年前の２０１４年（アマゾンＤＳＰは２０１２年スタート）。名称や形態を変化させながら、現在は主に先述した４つの広告配信方法に集約されています。

広告でも先行しているアメリカの統計では、アマゾンで商品販売している企業のうち、約80%がアマゾンでの広告を増やす方針だと答えています。現在、すでに「スポンサープロダクト広告」を使っている企業は約80%あり、「スポンサーブランド広告」は70%以上、「商品ディスプレイ広告」は約55%、「アマゾンＤＳＰ」は約30%という状況です。

レポート分析が共有されず、適切な運用の仕方がわからないという声は多いものの、「アマゾン自動配信」と呼ばれる広告自動ツールを使って運用することも可能で手間がかからず、売上も順調に伸びている以上、そこは目をつぶってほかの予算を削ってでもアマゾン広告に積極的に使おうという意欲が見てとれます。

日本はそこまでの数字ではありませんが、徐々に勢いがついており、**２０１９年は前年比１・５倍になる予測もあります。アメリカのあとを追い、最大の山を迎えるのは2年後の２０**

20年。今から広告に投資することで得られる先行者メリットはまだ十分にあると考えられます。

特に、「アマゾンDSPは無限の可能性を秘めている」と語る人もいます。

この広告は先ほどもお話ししたようにアマゾンの外に広告を打つことができます。グーグルやヤフーにもこれと似たようなターゲティング広告がありますが、大きな違いは、グーグルやヤフーが検索履歴、訪問履歴からターゲティングを行うのに対して、**アマゾンは「購入履歴」をもとに広告を配信するため、商品購入率が他のターゲティング広告とは比較にならない**ことです。

何度も目にするうちに、ついクリックしてしまう人が後を絶ちません。あるビールメーカーは、「アマゾンDSP」を利用して、アマゾンでの売上を4倍に伸ばしたといいます。課題もありますが、アマゾンの広告にそれだけ力があることは、否定できません。

一等地にいてもライバルに顧客を奪われる理由

ところが、「クリック単価を上げ、予算をかけて検索結果の1ページ目に商品を並べたのにもかかわらず、思うように売上が伸びない」と嘆く企業もあります。

それはもしかしたら、レビューの低さが原因かもしれません。

検索結果ページであるデジタルシェルフの1枠の中には、商品のメイン写真の下に、スポンサープロダクト広告である場合はその表示、商品名、価格、そして、ユーザーの評価をあらわす星の数と、レビューの数が書かれており、それが等しく1セットになっています。

ここも、アマゾンが「カスタマーセントリック（顧客中心主義）」であるゆえんですが、商品がシンプルで見やすいのと同時に、自分より先に商品を買った人たちの評価が良かったのか、悪かったのか、一目でわかってしまうのです。

ランキング上位であれば、星の数も4〜5と高く、レビューの数もそれなりに多いのが普通ですが、ユーザーにしてみればそれが買うか買わないかの〝最後のひと押し〟になるため、特にブランドを決めていない人、買い物で失敗したくない人、どれにしようか迷っている人は、評価が高く、レビュー数が多い商品を選びがちになります。

だからこそ、**ひとたび1位を取れば、一定期間はその位置をキープできる**というわけです。

しかし、広告で売り場の一等地を押さえた場合、ユーザー評価がそこまで追いついていないことがあります。

だったら、どうすればいいのでしょうか。お客様の集客に力を入れると同時に、商品について説明責任を果たすなど、ブランドの信頼度を上げる施策を行うことが必要になります。

アマゾンレビューが最強のメディアになる

では、なぜレビューの良し悪しが、それほど商品の売れ行きに影響するのでしょうか。

そこには消費者意識の変化が絡んでいます。モバイルやSNSの登場で、消費者は大量の選択肢と判断軸を得ました。

かつてはメーカーからの一方的なコマーシャルを見て、メーカーの説明を鵜呑《うの》みにするしかありませんでした。もっと情報がほしい人は、お金を出して雑誌を買ったり、実店舗の店員さんと仲良くなって情報を仕入れるなど、積極的に行動していました。

それが、モバイルやSNSの登場で、いつでも自分と同じ消費者の意見をもらえるようになったのです。

あなたも、商品を買う前にネットでレビューや口コミを見たことがあると思います。芸能人が「これ、おいしい！」「これが今、流行っている」と言っても、ツイッターで調べて誰もつぶやいていなければ「本当は人気がないんだ」と判断できる。それが普通の行動になってきたのです。

その結果、特に20代の若年層は、もはやメーカーの情報を信用しません。PRを嫌います。「メーカーは自分たちに都合のいいことを言っているだけ」と、お気に入りのインフルエンサーを探す人もいます。その人のインスタ投稿を最初から全部見ることもあるそうです。理由は、メーカーからお金をもらっている場合もあるので、その人の発言に整合性があるか確認するためです。

「たしかに言っていることは一貫しているな」と思って、初めてその人のおすすめに目を向けるというから大変です。そういう意識を持った人たちが、アマゾンレビューを見ていることを、ぜひ覚えておいてください。

ちなみに、**アマゾンではレビューの有り・無しで、購入率が1・5倍変わる**というデータも出ています。**レビューが生の体験を通じて商品の特徴を伝える媒体になり、最終的に商品購入につなげるスイッチになる**のです。

アマゾンのレビューで無名のブランドが1位に！

ここで、アマゾンレビューのすごさを物語る、アメリカのコーヒーメーカーの成功事例をご紹介しましょう。

ニューヨークのとあるコーヒーショップが5年ほど前に出した「デス・ウィッシュ・コーヒー」。日本語に直訳すると「死を希望するコーヒー」という意味ですが、通常のコーヒーに比べてカフェインが2倍以上、「世界でもっとも強いコーヒー」が商品開発のコンセプトです。パッケージにはドクロのマークが描かれていて、その強烈な味わいを表現しています。通販は自社ショッピングサイトとアマゾンのみです。

この「デス・ウィッシュ・コーヒー」のアマゾンレビューの数がとにかくすごいのです。本書を執筆している現時点で1万6813件あります。コーヒー豆で日本のアマゾンを見てみると、トップランナーでもレビュー数は500〜700件ですから、けた違いのスケールといえます。

レビュー評価も4・6と高く、ここまでくると売上も当然すごいです。検索結果ページを見てみると、同じ1ページ目に有名なブランドのコーヒーも並んでいますが、価格がダンキンドーナツやスターバックスのコーヒーの約2倍するにもかかわらず、ランキングはダントツ1位、ベストセラーのポジションを維持し続けています。

では、このメーカーがレビューを集めるために何をやったかというと、**最初から自社のお客様をアマゾンに誘導した**のです。

たとえば、メルマガには「今回のセールはアマゾンと本店、両方で対応します」と書いてあり、アマゾン用のクーポンコードが入っています。ツイッターでも「アマゾンで買いましょう」と誘っています。

一般的には、15%の手数料を取られるのがもったいないので、アマゾンに顧客情報を紹介することはありません。

しかし、**その常識を破ったことで、お店の一番のファンがアマゾンで買い物をし、高評価のレビューを書いてくれる**ようになったのです。

商品評価が高く、レビューの件数が多いほど、買うほうの心理としては興味をそそられ、クリック率が上がる。そして商品詳細ページを読む人が増え、商品購入率が上がるというサイクルができ上がれば、あとはほぼ何もしなくても売れ続けるという代表的な例です。一度1位をつかんだら、そう簡単に順位はひっくり返されません。

アマゾンは、大手の商品だから、在庫がたくさんあるからといって、売れるわけではありません。どこにも負けないレビュー数という武器を持てば、無名のブランドでも十分に1位のポジションを取ることは可能なのです。

検索結果ページは顧客を奪い合う戦場である

さまざまな施策を行った結果、あなたの会社の商品が売上ランキング1位になったとします。当社の分析では特定ブランド（たとえば、育毛シャンプー）を指名してグーグルなどで検索したユーザーが、検索結果1位の商品をそのまま買う確率はどれくらいあるかといいますと、有名ブランドの場合、約65％。全体の約3分の2の人が1位の商品を選ぶことがわかっています。2位が約20％、3位が約5％で、3位までが占めるシェアは約90％です。有名ブランドが1位を取れば、圧倒的な勝ちを収めることができます。

では、有名ではないブランドではどうなるでしょう。1位の商品が買われる確率は、残念ながら約20％に下がります。2位は約10％、3位は変わらず約5％で、3位までが占めるシェアは約35％まで落ちます。

この数字からわかることは、**弱いブランドの場合、1位を守るためには広告を出し続け、検索結果ページの占有率を上げない限り、お客様を奪われてしまう可能性がある**ということです。

さらに、特定のブランドを指名しないユーザーの購買行動を見てみると、1位の商品を買う確率はさらに下がって約15％、2位、3位は同率で約5％、3位までが占めるシェアは約25％となり、お客様を奪い合う戦場となります。

だからこそ、激しい競争を勝ち抜き、1位を狙うブランド各社が1クリックあたりの入札価格を上げ、広告予算を投入してページの占有率を上げようとしのぎを削っているのです。

それでもランキング1位を狙う理由

ランキング1位になることがなぜ大事かというと、先ほどの数字でもわかるように、1位と2位の差が非常に大きいというのが理由です。その背景には、買い物の傾向として保守的な人が増えていることが挙げられます。

そのことを、マーケティングの世界で有名な「イノベーター理論」を使って説明します（図11）。イノベーター理論は、1962年にアメリカ・スタンフォード大学の社会学者、エベレ

図11　イノベーター理論

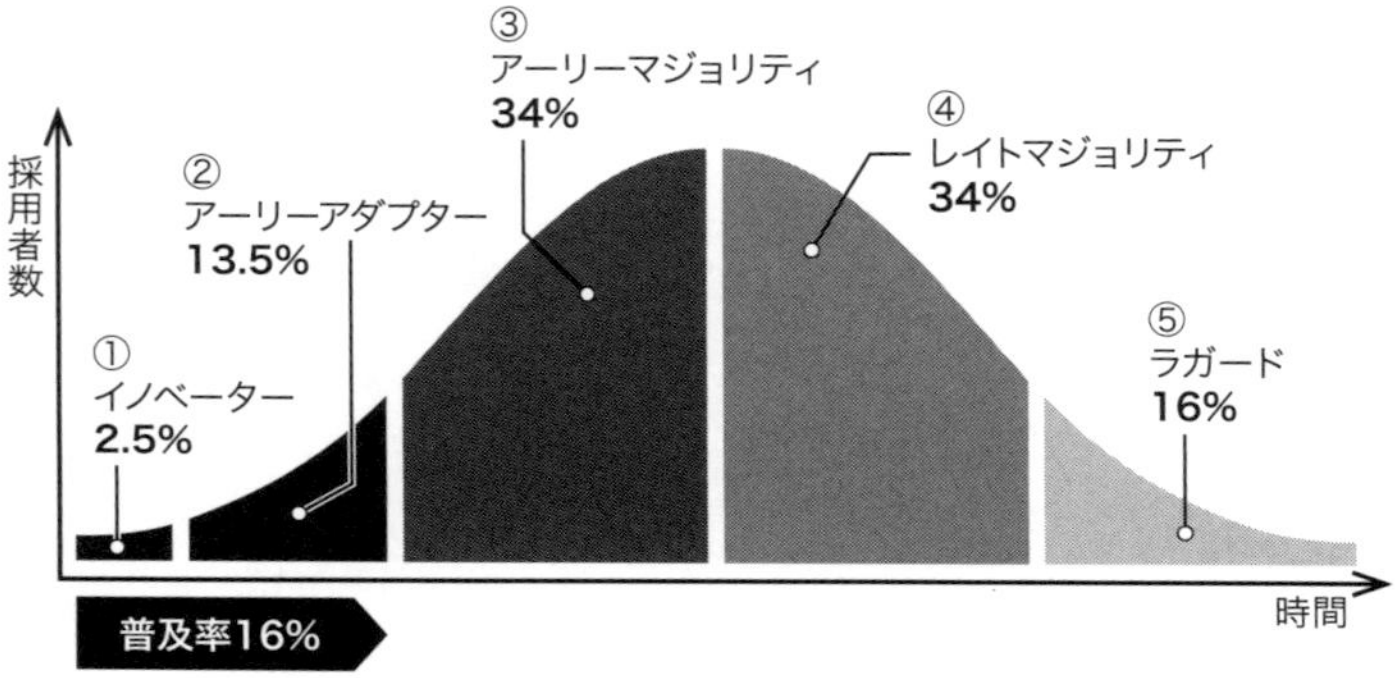

ット・M・ロジャース教授が提唱したイノベーション普及に関する理論で、商品購入の特徴を新商品購入の早い順に5つに分類したものです。

①イノベーター（革新者）：冒険心にあふれ、新しいものを進んで採用する人

②アーリーアダプター（初期採用者）：流行に敏感で、情報収集を自ら行い、判断する人。オピニオンリーダーとも呼ばれる

③アーリーマジョリティ（前期追随者）：比較的慎重な人。平均より早く新しいものを採り入れる

④レイトマジョリティ（後期追随者）：比較的懐疑的な人。周囲の大多数が試している場面を見てから同じ選択をする。フォロワーズとも呼ばれる

⑤ラガード（遅滞者）：もっとも保守的な人。流行や世の中の動きに関心が薄い。イノベーションが伝統にな

るまで採用しない

ＥＣを例にとれば、**新しもの好きなイノベーターが真っ先に飛びつき、アーリーアダプターがその利便性に注目して、アーリーマジョリティに影響を与え、レイトマジョリティにまで広がった**ことが、現在のＥＣ市場拡大の礎となりました。

伝統主義者で最後までＥＣを利用しないと思われていた保守派の代表、ラガードさえも、たとえば「インターネットで買い物をしないと孫にバカにされるから」というような理由で、行動パターンが変わってきています。

しかし、レイトマジョリティやラガードは、自分の商品に対する審美眼は一切信用していない人が多いのです。かといって、メーカーの言うことを信用しているわけではなく、レビューや口コミにも懐疑的です。

ですが、**「ランキング1位」だけは刺さるのが保守派の共通する特徴**です。

イノベーターやアーリーアダプターであれば、逆に、「ランキングは一つの参考データでしかない」と考え、自分の感性を大切にするでしょう。ですが、保守派はそもそも「みんながやっているから」仕方なく腰を上げただけで、ネットで買うのは実は苦手。だからこそ、「１位を買っておけば間違いないだろう」という意識が働くのです。

その結果、フォロワーが増えたこの3年のランキングで、1位と2位の差がどんどん広がってきている、つまり、**1位の優先度が増している**ということです。


もちろん同じアイテムでも、違う価格帯であれば話は別です。

1位のマフラーが2000円なのに対して、2位が1万円ならお客様の層が分かれますから問題ありませんが、同じ価格帯の同じアイテムとなると、商品詳細ページを比較してもそれほど違いがわかりません。

「どちらを買っても同じなら、1位のほうが安心だ」と思うのが人間の心理です。ECの市場規模がここまで大きくなってきたからこそ、保守的な層を誘導し、獲得するための施策が大切になるということです。

楽天より優位に立つためのアマゾンの戦略とは

世の中にあるありとあらゆる商品とサービスを並べ、どこよりも安く、早く届けるアマゾンは、「買い物のすべて」を支配しようとしているのでしょうか?

ですが、アマゾンは必ずしも利益が出るから売っているわけではありません。仕入れ値より安い価格をつけ、身を削ってでも売るケースがあります。

また、配送インフラ強化に巨額の資金を投じ、何年も赤字を出し続けたこともあり、短期での利益をまったく重視していません。

アマゾンの一番の目的は、「競合に勝つ＝顧客にとって一番良いサービスを提供する」ことです。

アメリカでは、ウォルマートが最大の競合に当たります。過去において、ウォルマートが新しい配送サービスを始めると、アマゾンはすぐ低所得者に対してプライム会員価格を半額に引き下げる対抗策を打ち出してきました。

また、ウォルマートが通販企業を買収した際も、アマゾンは高級スーパーのホールフーズ・マーケットを買収してはっきりと対立軸をアピールしました。そのウォルマートが２０１８年、楽天と戦略的提携を発表したのですから、楽天がアマゾンにとっての仮想敵の一つになったのは間違いありません。

楽天の前のアマゾンの仮想敵は、ケンコーコムとナチュラムという会社でした。アマゾンは商品の価格を継続的に下げたり、赤字でも安値で販売したりすることで、ライバルたちに対して優位に立つ戦略をとってきました。

アマゾンがアメリカに先んじて、日本でアマゾンポイントを導入し始めたのも、楽天やヤフーに対抗するためだといわれています。

「楽天がやっていることは全部参考にする」というスタンスで、アマゾンが出店業者とコンタクトをとり、「楽天は何をやっているのか」とインタビューしたとか、元楽天の社員を採用していた時期があったとか、業界関係者の中でまことしやかな噂が流れているほどです。

こんな話を聞くと、「アマゾンで商売をしても、アマゾンには絶対に勝てない。うちもいずれ淘汰《とうた》されてしまうのだろうか」と思うかもしれません。

しかし、**アマゾンを敵に回すのではなく、この先も成長・進化していくであろうアマゾンと共存共栄し、アマゾンの力を最大限活用しながら自社の売上を伸ばしていくことが最良の道**ではないでしょうか。具体的な方法については次章で述べます。

アマゾンの野望が見える「アマゾン・エコー」

アマゾンの購入プロセスの無駄を省いた簡単な買い物ステップは、スマホを肌身離さず持っている私たちにとって、非常に使いやすくストレスがありません。買い忘れていた商品も、ふと思い出したとき、指一本で決済すればOK。あとは忘れていても、自動的に家まで届けてもらえます。

今では、音声認識で反応するAI（人工知能）アシスタントを搭載したスピーカー「アマゾン・エコー」を使って、指さえ使わず買い物ができるようになりました。デジタル技術を駆使した破壊的なイノベーションは、ECの常識すらもはるかに超えるものです。

グーグルも同様のスピーカー端末「グーグルホーム」を発表していますが、商品としてはアマゾンが先行しており、アメリカでのシェアは4対1の割合で「アマゾン・エコー」のシェア率が高くなっています。

この**「アマゾン・エコー」と「ファイヤー・タブレット」「ファイヤーTVスティック」の3商品の売上が、今、爆発的に伸びています。**実は、この3つの商品を見ていくと、アマゾンの一つの野望が見えてくるのです。

簡単に商品を紹介しますと、「ファイヤー・タブレット」は、PCとして使えるのはもちろん、これ1台で書籍やマンガ、アマゾンが配信する映画・動画が見られ、音楽が聴けて、ゲームもできる便利な端末です。アマゾンプライム会員であれば、会員特典対象の作品をすべて無料で視聴できます。

「ファイヤーTVスティック」は、テレビのHDMI端子に接続してWi‐Fiにつなぐだけで、プライムビデオ、フールー、ネットフリックス、アベマTVなど、豊富な映画やビデオを大画面で楽しめる、こちらもプライム会員にメリットの高いデバイスです。

「アマゾン・エコー」は、「アレクサ、○○して」と話しかけるだけで、さまざまなことができるスマートスピーカーです。

たとえば、「アレクサ、音楽をかけて」と話しかければ、好きなサービス（プライムミュージック、dヒッツなど）で音楽を聴くことができます。また、キンドル本のテキストを読み上げたり、ネットラジオサービスを無料で楽しめたり、スマートホームと連携してテレビやエアコン、照明の音声操作が可能に。もちろん、ニュースや天気も教えてくれます。

アマゾンプライム会員なら、音声でプライム商品の注文も可能です。たとえば、水を注文したいとき、「アレクサ、水を注文して」と言えば、アマゾンで売れている1位と2位の商品をすすめてくれます。

その水が気に入れば、次からは「アレクサ、水をもう一度注文して」と言うだけです。ショッピングカートへの追加、注文のキャンセル、配送状況まですべての要求に応えてくれます。

しかも、音声入力のほうがPC・スマホ操作よりも速いので、慣れてしまえば、ユーザーにとってもっとも楽な買い物方法ということになります。

音声購入した人のリピート率は50％を超え、ヴォイスベースのEC、VC（ヴォイスコマース）としても注目を集めています。

ちなみに、2018年8月の時点で「アマゾン・エコー」は約5000万台売れています。

基本的にアマゾンプライム会員にとって便利なツールですので、単純に考えて、約1億人のプライム会員のうち、半分の人がもう持っている計算です。

さて、この3つの商品をアマゾンが押さえると、どうなると思いますか？

まず、家の中にあったPCがタブレットに置き換えられます。テレビは地デジでもBS・CSでもなく、オンデマンドで自分の見たいドラマや映画を見るための箱に、ラジオもスピーカーに置き換えられ、近い将来、気がつけば家中アマゾンだらけという状態になるかもしれません。

では、情報を得る手段がアマゾンばかりになったら、世の中はどう変わるのでしょう？ ＰＣはさておき、テレビやラジオの視聴率／聴取率が落ち、アマゾンの視聴率が上がっていきます。すると、何が起こるかというと、スポンサーが出すＣＭ広告費の移行が起こるわけです。

商品を認知させる入り口として、アマゾンが消費者とつながる一番の接点になるからです。下手をすれば、巨額の広告費がアマゾンにどんどん流れ込んでいきます。つまり、**アマゾンがマスの広告媒体に置き換わる可能性がある**のです。

今のところ日本では、タブレットを立ち上げるとゲームアプリの広告ばかりですが、将来はそれが化粧品だったり、時計だったり、車だったりに変わるかもしれません。

アマゾンでの購入履歴をもとに、その人に合った広告が表示されるようになるでしょう。

アメリカではすでにその兆しが見えています。**これまでＣＭで見ていたようなナショナルブランド（ＮＢ）の広告が、次々とアマゾンに移行している**のです。

たとえば2年後に日本もそうなれば、生活の一部としてアマゾンに時間を使う人口はますます増えていくことになります。そこにあなたの会社の商品を出さない選択は、もはやないといっていいのではないでしょうか。

目指しているのは「ワールドストア」

ECだけでなく、小売業界も、メディア業界もひっくり返そうとしているアマゾンの戦略には、私たちのようなECコンサルタントも驚いてしまうのですが、ユーザーにとっての圧倒的な利便性の追求と同時に、競争相手より優位に立ち続ける発想を持つアマゾンは、やはりほかのECサイトとはかけ離れた成長を続ける企業のように感じます。

その根幹にあるのは、創業者ジェフ・ベゾスがレストランの紙ナプキンに書いたとされるアマゾンのビジネスサイクル図です。そこには、低価格を生み出す仕組みや、ネットならではの豊富な品ぞろえによって「驚くべき体験」をユーザーに提供すれば、会社が成長し、さらなる低価格やサイトへの誘引につながることが示されています。

それが現在の「地球上でもっとも豊富な品ぞろえ」「地球上でもっともお客様を大切にする企業であること」という2つの企業ビジョンにつながっているのです。

「ユーザーにとって使いやすいサイトをつくる」というだけでなく、物流プロセスのイノベーションに命を懸け、ドローンやデータセンター、VCなど、利益の多くを新しい市場へと投資し続け、最終的に目指すところは「ワールドストア」、すなわち、「世界中どこにいても、誰もが24時間、ほしいものを手に入れられる世界を目指す」というもの。それこそが、アマゾンの野望といえるのかもしれません。

第3章

企業が今からやるべき21のこと

無名の商品でも、アマゾンだけでこんなにブランディングできる！

アマゾンは、数年前まで自動販売機に近いイメージを持たれていました。「指名買いしやすいサイト」といわれ、本やCD、ゲーム、これと決めたメーカーの商品があることを前提に買い物に行き、検索して一番安いものをカートに入れ、ものの数分で購入を終える人が多く、日常生活の中で、ふらっと立ち寄ってウィンドウショッピングをしながら、気に入ったスイーツや洋服を衝動買いするような買い方は、楽天市場のほうが近かったと思います。

ところが最近は、アマゾンも買い手が衝動買いしやすいサイトになっています。売り手から見れば、「自社商品のブランディングがしやすいサイトになった」といえます。

まず、検索ページに革命が起きました。

通常、買うものが決まっているときの検索キーワードは「指名ワード」といって、ブランド名、型番・品番などで検索。買うものが決まっていないときの検索キーワードは「一般ワード」といって、コーヒー、水、レコーダーなど、アイテム名で検索します。

これまで、「一般ワード」は楽天市場の独壇場でした。一般ワードから検索された無名の新興ブランドが楽天の中で人気商品になり、ランキング1位を取って、世の中に認知されるようになる。そんなシンデレラストーリーがいくつも生まれました。

そのいいところをアマゾンも取り入れていき、アマゾンの中で販売者自身がプロデュースできる状況ができ上がっていったのです。

それに拍車をかけたのが、アマゾン広告です。

以前はアマゾンの広告といえば、一つのバナー広告が100万円もするような高額なもので、商品販売を目的とする上で、費用対効果もそれほど見込めませんでした。

アマゾンのトップページに掲載され、認知度を上げる効果はありましたが、バナーをクリックして商品を買う人はそれほどいなかったのです。

ところが2014年、スポンサープロダクト広告、スポンサーブランド広告の登場で、露出**が一気に増え、ランキングの下位にいた誰も知らない商品が、突然、売れ始めました。**

簡単にいえば、これまで課題だった露出が、お金の力で解決できるようになったということです。しかも、このスポンサー広告は、掲載されただけでは支払いは生じません。1クリック2円からという料金設定の安さで気軽に始められることがまた、無名のブランドに味方をしました。

そして、広告を使って検索結果ページの占有率を上げながら、同時に、115ページで説明する商品ページの最適化を行い、好意的なレビューが集まるように工夫することで、まったく無名のブランドが検索上位になり、爆発的に売れる商品が出始めたのです。

今、アマゾンのトップセラーとして知られるモバイルバッテリーメーカーのアンカーも、その一つです。

アンカーも数年前まで無名の新興メーカーでしたが、スポンサー広告を有効的に使いながら露出を上げ、順位を上げて、「アマゾンランキング大賞2018（年間）」では、携帯電話・スマートフォン総合、バッテリー・充電器、スマホアクセサリ、ポータブルスピーカーの4部門でアンカーグループ製品が1位を獲得しました。

また、「アマゾンマケプレアワード2017」でも、「最優秀セラー賞」グランプリ、「配送サービス賞FBA部門」「カテゴリー賞 家電・カメラ・AV機器部門」の3賞を受賞。アマゾンで確固たる地位を確立しつつあります。2014年には実店舗もオープンし、アンカーグループ製品がトップシェアになっている量販店もあるなど、実店舗の売上も順調です。

では、アンカーと同じような成果を上げるためには、具体的に何をすればいいのでしょうか。

第3章では、あなたの会社が今からやるべき21のことについて、話を進めていきます。

1 アマゾンで売上を伸ばす仕組みとは

アマゾンで売上を伸ばすには、キーワード検索の検索結果の1ページ目に自社商品を表示させることが重要です。アマゾンで買い物をするユーザーの約7割は検索窓を利用しており、そのうち約7割は、検索結果の1ページ目に表示された商品しか閲覧しないことが多いようです。ですから、検索結果の1ページ目に商品が掲載されるようにすることが、アマゾンで売上を伸ばす王道です。

現在、アマゾンに影響を与えている要素（アルゴリズム）は**「一定期間における商品の注文件数が多いほど、上位に表示される」という傾向が見られます。**

細かい検索アルゴリズムはほかにもありますが、注文件数が大きく影響すると考えてください。

検索ボリュームが多いキーワードにおいて、検索結果の1ページ目に商品が表示されるようになると、商品ページへのアクセス数は確実に増えます。

アクセス数が増えれば、注文件数も増えますから、検索順位はさらに上昇します。すると、

図12　アマゾン検索結果の好循環の流れ

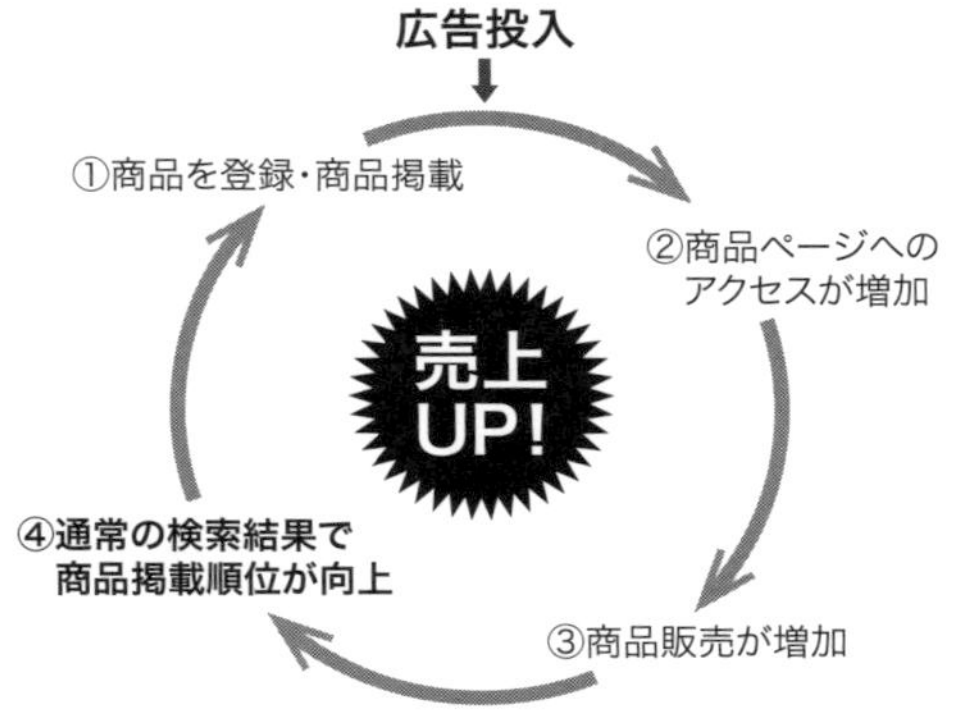

注文件数が上がればランキングが上昇するため、自然検索で順位が向上する

出所：アマゾンのサービス資料より一部抜粋

アクセス数がさらに増え、注文件数が増えるという好循環が生まれます（図12）。

商品が売れれば、アマゾンのランキングに掲載されたり、レコメンド（アマゾンおすすめの商品を表示）など、アマゾンが実施するプロモーション施策に商品が表示されたりする可能性も高まります。

そうなれば、商品の売上は飛躍的に伸びるでしょう。

今からやるべきこと①
プライムマークをつけて検索順位を上げる

プライムマークをつけるメリットは、出荷が早く、翌日にはお客様の手元に届くため、それだけで転換率が上がることです（アマゾンプライム会員は送料無料）。

これまでの例で、**プライムマークのない通常商品からプライムマークつきの商品にしただけで、売上が10倍以上になった**という出品者が数多く出ています。

あるシャツメーカーでは、もともと送料無料で出荷していた７５００円以上のメンズシャツだけをプライムマーク商品にしたところ、飛ぶように売れ始め、客単価も上がって大喜びでした。現在はプライムマーク商品を増やし、７５００円未満の安いラインはほぼなくしてしまったそうです。

反対に、プライムマークがないと、プライムマーク商品だけに絞り込まれた検索結果には表示されなくなり、販売機会の損失にもつながります。注文数を上げ、検索順位を上げるには、プライムマークが欠かせません。

検索結果ページでのデジタルシェルフの1ページ目に載せる大前提になりますので、特にメーカーの場合は、まずプライムマークを取得してください。

プライムマークをつけるには、①ベンダーになってアマゾン倉庫から出荷、②セラーでも、FBA（フルフィルメント・バイ・アマゾン）を選択しアマゾンに荷物を預ける、③セラーで、

マケプレプライムを選択し、自社の出荷を早める、という3つの出荷方法のいずれかを選ぶ必要があります。

自社で物流網を持っているメーカーでも、ECに不慣れだとすれば、私はFBAをおすすめします。

FBAの最大のメリットは、コストの削減とキャパシティの向上ですが、ほかにも物流コストの見える化、在庫の見える化などが期待できます。

アマゾンで取り扱っている全商品のうち、プライムマーク商品はまだ10~20%程度。先行してプライムマークをつけるメリットをぜひ味わっていただきたいと思います。

今からやるべきこと②
先行発売で検索順位を上げる

検索結果が数十ページにわたるようなアイテムで、激化する競争に勝つのは難しいものの、すき間市場に進出することで検索上位を狙うことは可能です。

たとえば、自動車用カーテンを販売しているA社は、楽天市場で健闘していましたが、後発のため、どうしても1位の店舗を抜くことができませんでした。

ところが、アマゾンを調べてみると、楽天1位の店舗が出品していません。

ほかにずば抜けたライバルもいなかったため、アマゾンへの出品を提案したところ、小さい市場ながら1位を獲得。「自動車用カーテン」で検索をかけると、1ページ目の商品の半分以上がA社という一人勝ちの状態を維持しています。

また、別の事例では、医療用の白衣を販売しているB社が、ハロウィンのコスプレ用白衣ばかりだったアマゾンに進出し、1位をとったケースもあります。

先行メリットが取れると、ベストセラーマークや、アマゾンズチョイスマーク（ベストセラーやスポンサープロダクトのエリアに表示されるアマゾンおすすめマーク）がつくようになり、クリック数が増え、レビューが増え、良いサイクルに乗ることができます。

このようにアマゾンの市場をよく見て出品することが、アマゾンで勝ち抜く一つの方法になるのです。

2 アクセス数と転換率が倍増する「商品ページの最適化」とは

アマゾンで売上を伸ばす対策はたくさんありますが、特に優先順位が高いのは「商品ページの最適化」と「スポンサープロダクト広告の運用」です。

まずは、「商品ページの最適化」について説明します。

図13　アマゾン内のファーストビュー

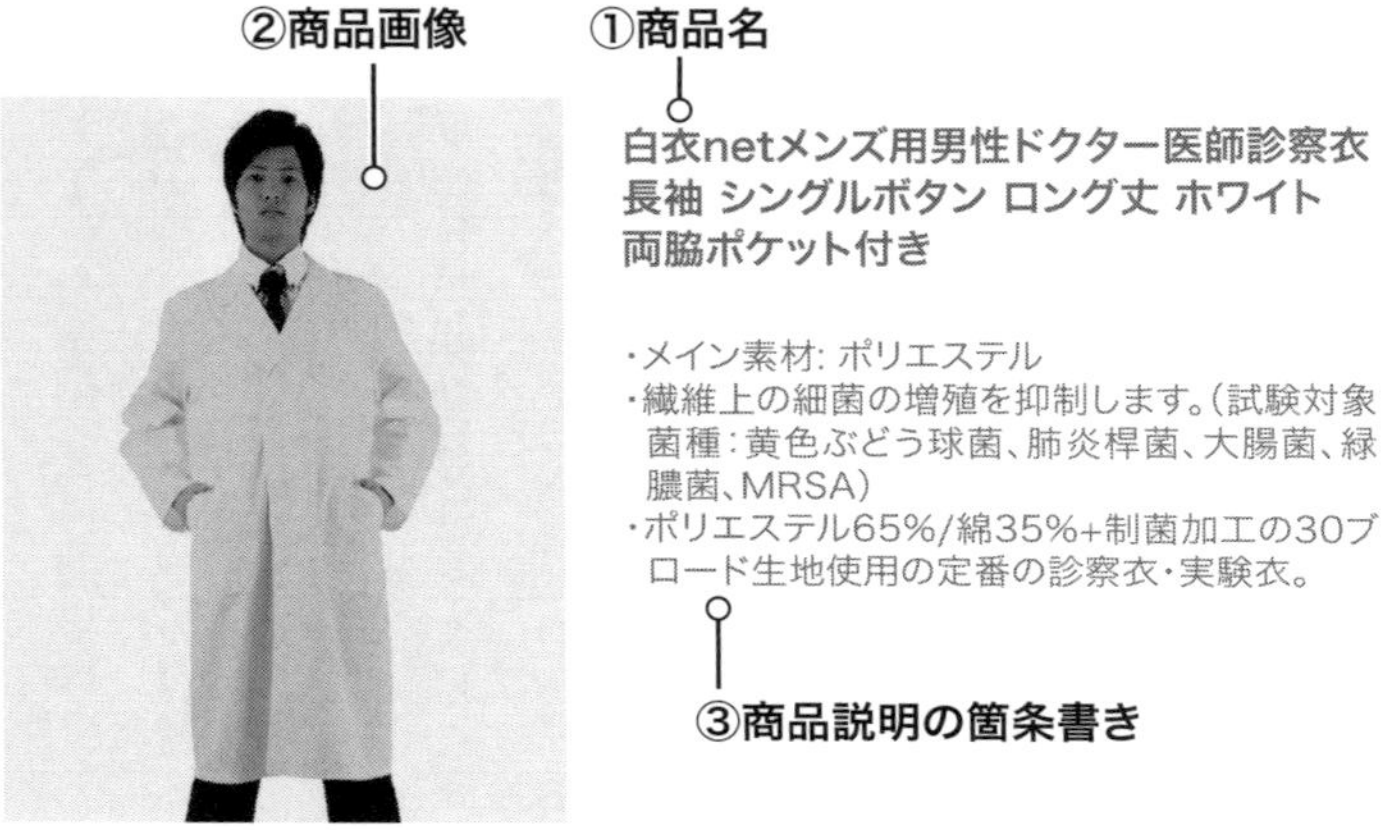
②商品画像
①商品名
白衣netメンズ用男性ドクター医師診察衣
長袖 シングルボタン ロング丈 ホワイト
両脇ポケット付き
・メイン素材: ポリエステル
・繊維上の細菌の増殖を抑制します。（試験対象菌種：黄色ぶどう球菌、肺炎桿菌、大腸菌、緑膿菌、MRSA）
・ポリエステル65%/綿35%+制菌加工の30ブロード生地使用の定番の診察衣・実験衣。
③商品説明の箇条書き

商品ページを最適化する上で、まず取り組むべきは、ファーストビューの改善です。

ファーストビューとは、商品詳細ページを開き、スクロールしなくても一目で見ることのできる範囲をさします（図13）。

何が見えるかというと、「商品画像」「商品名」「レビューの件数と星の数」「価格」「お届け予定日」「商品説明の箇条書き」。これらが充実していれば、見る人の心をつかみ、アクセス数や転換率が上がりやすくなり、逆にファーストビューの対策が不十分だと、ユーザーがサイトから離脱しやすくなります。

ファーストビューの改善において優先順位が高いポイントは①商品名、②商品画像、③商品説明の箇条書き。この3つはほかの商品と差別化できるという意味で、特に重要な部分です。

今からやるべきこと③

クリックされやすい「商品名」にする

商品名を改善する際は、次の4つがポイントになります。

①アマゾンの規約を順守する

メーカー名・ブランド名・商品名・仕様や色&サイズ・型番の順番で、全角50文字以内に収めること。

②サジェストキーワードを入れる

ターゲット層を絞り込み、アマゾンの検索窓にワードを入力した際に表示される関連ワード（サジェストキーワード）を入れておく。

③商品名を見ただけで、商品の内容がわかるようにする

④訴求ポイントとなる情報はカッコなどで目立たせる

（例）名刺入れ

▼よくある事例

「名刺入れ　ブラック　BK01」

↓これでは、商品名とカラー、型番のみで特徴がわからない

▼改善例

「○○社　名刺入れ　本革(日本製)　ポケットサイズ　ブラック　ＢＫ01」

↓最初にメーカー名、特徴を記載し、カッコでメリットを見やすく明記

たとえば、長袖のレディースウエアを売っていて、「レディース　トップス」しか入れないと、狙っている検索結果に出てきません。人気のキーワードだけでもいいので、必ず商品名に入れておきましょう。

どんなキーワードにすればいいかわからないという方は、キーワード候補を探すための無料のサジェストツール「KOUHO.jp」を使ってみるのもおすすめです。

このツールが優秀なのは、「アマゾンサジェスト」「楽天サジェスト」などサイト別に候補を見つけられるところです。

たとえば、検索窓に「レディース　トップス」と入れ、検索すると、実際にユーザーがアマゾンで「レディース　トップス」を検索する際に使っているキーワードを50音順に教えてくれます。そのキーワードをチェックすることで、ユーザーニーズを容易に確認でき、クリック対

策を行うことができるのです。

商品名はもちろん、説明文にも売れるためのキーワードを配置することによって、検索結果に表示されやすくなります。

今からやるべきこと④
「商品説明の箇条書き」を改善する

商品説明の箇条書き（商品仕様）を改善してアクセス数や転換率を上げるには、次の3つが重要なポイントになります。

①項目名はわかりやすく
②キーワードを自然に盛り込んだ文章にする
③大事な情報は3つ目までに入れる（スマホは3つまでしか表示されない）

商品説明の箇条書きも検索対象になります（図14）。ユーザーが使う検索キーワードを意識しつつ、商品の特徴やメリットなど、狙いたいターゲット層が知りたい情報をわかりやすく記載してください。

図14　商品説明を工夫しよう！

②商品説明の箇条書き

■改善前

原産国：日本
商品サイズ：100×50×10
材質：レザー

基本情報しかない……

■改善後

・商品サイズ：横幅100×縦幅50×マチ幅10（約30g）
・素材：[外側]ソフトレザー　[内側]ソフトレザー
・仕様：名刺入れポケット×1、フリーポケット×7、名刺約30枚収納、手ざわり：柔らかめ
・上質ソフトレザー：しっかりとした質感に柔らかく仕上げた素材を採用。高級感を醸し出す上質ソフトレザーを使用した名刺入れ。
・美しい機能的なフォルム：主張しすぎずビジネスシーンにぴったり。ビジネスの場をスマートに演出します。

アクセス数アップ
転換率アップ

商品名に入らないキーワードはここに入れて情報量を多くし、商品メリットを伝えましょう。商品説明の箇条書きをていねいに作成することで、お客様にも好印象を与えることができます。

たとえば、カスタマーQ&Aでお客様から質問が書き込まれるということは、説明を読んでもわからない点があったということです。「カーテンは夜間に室内灯が透けないのでしょうか？」「コードは短くできますか？」といった質問に対して回答するのはもちろん、業界にとっての当たり前でも説明不足があれば商品説明の箇条書きに加筆し、充実させることが重要です。

また、パソコンだけを見てページをつくってはいけません。**スマホで買う人が全体の約70％いることを意識し、スマホサイトの構造や視認性を踏**

まえ、情報を取捨選択することも大切です。

今からやるべきこと⑤
クリックされやすい「商品画像」の特徴をつかむ

商品画像は購入率に大きく影響します。大前提として、商品画像は白抜きであることが規約で定められています。その上で、次の3点が重要です。

①画像サイズは1000ピクセル以上……商品画像にマウス位置を移動すると、ポインター周辺が拡大されるため、商品の細部までしっかり見えるように画像サイズを1000ピクセル以上に設定する。

②写真は6枚以上……スマホサイトの商品ページのファーストビューに表示される商品写真は6枚（PCは7枚）なので、最低でも6枚の写真をアップする。

③2枚目以降は文字入りの画像を入れる……イメージカットだけでなく、商品の利用シーンやメリットを想像できるように、商品の魅力が伝わる文字情報を盛り込んだ画像も追加する。

スマホユーザーは商品画像を指でスライド操作して閲覧するため、商品画像にテキスト情報を盛り込むと、商品ページをスクロールしなくても商品の魅力が伝わる。

たとえば、ポケットチーフの場合、チーフの使い方の提案、TPOの提案、素材の良さなどがわかる商品画像がアピールポイントになります。

ここでもターゲット層に合った写真を使うことを心がけてください。モデルを使用する際も、ターゲット層との乖離《かいり》がないよう気をつけましょう。

アメリカでも日本でもいえることですが、こうしたデジタル上の商品情報が重要であることが認識されているにもかかわらず、**企業内でその重要性が認識されていないために、商品ページの最適化で苦戦している販売者が多い**ことが問題になっています。

商品画像となると、広報部や販促部がバラバラに持っていることも多いのが現状ですが、EC事業部が一括して管理するなど体制を見直すことも、アマゾンで売上を伸ばす上で必要な施策となります。

今からやるべきこと⑥
スマホの画面表示の最適化を行う

ECでのアマゾンの市場は年々拡大しているのに、アマゾンで自社の売上が落ちているとしたら、購入比率の高いスマホでやるべきことをやっていないか、競合のほうがより緻密にやっているか、そのどちらかです。前項までの繰り返しになりますが、大事なポイントを3つ挙げておきます。

①表示される商品画像は6枚……サイズはS・M・Lがあって、写真をアップする際は、6枚目まで表示することで商品購入率が変わる。

②商品説明の箇条書きで優先的に表示されるのは3つ……大事な商品情報は3つ目までに入れておく。

③制限文字数を守る……カテゴリーによってバイト数が決まっている。それを超えるとどれだけよいキーワードを入れても検索対象外になるので、制限以内に抑えること。

今からやるべきこと⑦

ファーストビューの改善以外にも、やるべきことはたくさんある

ファーストビューの改善をしっかり行うことが重要ですが、それ以外にも、売上拡大につながる施策は多岐にわたります。

たとえば、**商品説明の箇条書きや商品紹介コンテンツ（ベンダーはA＋という名称に変わります）を充実させること。**ひと言でいえば、**売れる商品ページをつくること**です。

どんなにこだわった商品でも、ユーザーに魅力が伝わらなければ購入されません。特にオリジナル商品は知名度がないため、既定の内容を埋めただけで何もしなければ、まったく売れない可能性もあります。そこで、さらに説明や写真を加え、しっかりと商品の詳細や開発ストーリーを語ることが大切になります。

将来的には、ここに「動画」が入ってくる可能性もあります。競合アイテムに比べて値段が高い理由、機能商品であれば詳しい使い方なども伝えたほうがいい情報です。

商品価格がさほど安くないのに売れている商品、競合が山ほどあるのにベストセラーになっている商品を見つけ、その商品ページを参考につくってみるのもいいでしょう。

第2章で紹介したアメリカの「デス・ウィッシュ・コーヒー」も、印象的なドクロのパッケージの理由、カフェインが通常の2倍以上で、世界で一番強いコーヒーであることを情報として伝えることでユーザーの興味を引き、競合アイテムの2倍の価格であるにもかかわらず、売上ランキング1位を取っています。

また、アマゾン内にブランドページをつくる企業も増えています。大事なことは、**①購入メリット、②その根拠、③競合より優れている点、④さまざまな特徴**、をしっかり伝えることです。

最初は非効率のように思えても、お客様を育てるためのコンテンツをつくることで、徐々に検索上位を目指すことが可能です。

今からやるべきこと⑧
オプションをつけて客単価と購入率を上げる

アマゾンのすごさは、1ページですべて完結するところにあります。

たとえば、4500円の観葉植物の商品ページを見ているとします。メイン商品写真右側にある「鉢カバー付」「陶器ポット植え」などの項目選択で、たとえば「陶器ポット植え」をクリックすると、プラスチックの容器が陶器に変わり、値段が1万円になります。すると、10人に1人くらいが高いほうを選択し、それによって客単価が上がります。つまり、商品に選択できるオプションを加えて、顧客ニーズを満たそうとするのです。

同じように、植物の背の高さによって値段を変えることもできます。

このようなやり方を「アップセル」といいます。ある商品の購入を考えている人に対し、希望よりも上位の高い商品をすすめる販売方法です。

また、出品者の工夫次第で、ページの中でさまざまな商品選択をさせることもできます。たとえば、車の窓に貼るカーフィルムは、同じ車種でもモデルによって若干大きさや形が変わりますが、その商品ごとに別ページをつくるとそれだけで膨大な量になり、メンテナンスも大変です。

同様にあなたの会社に品番の多い商品があれば、1画面で全種類に対応するページをつくることをおすすめします。先ほどのカーフィルムの例でいえば、30種類以上の商品を1ページにまとめている出品者もいて、ユーザーが選びやすいので購入につながることも多く、購入決定率が上がるのです。

検索ページから商品ページに移った時点で購入率は上がっていますが、**買う意思を決めかけ**

ている人に、複数の選択肢を用意することで競合アイテムへ心変わりする確率を下げ、さらに客単価を上げる流れをつくることができます。

今からやるべきこと⑨
カートを取得する

そして、アマゾンで売上を伸ばすには、「ショッピングカートボックスを取る（同一商品が複数ある場合に、カート取得条件を一番満たした一つの商品のみカートが付くこと）」ことが非常に重要です。カートを取得すると自然検索での露出が増えます。

また、スポンサープロダクト広告を運用する場合、カートを取得していることが条件になります。

カートを取得するために必要な条件は「販売価格」のみではありません。ほかにも、「配送方法」「リードタイム（出荷スピード・在庫量）」「出品者のパフォーマンス（店舗評価）」などがあります。

同じ商品を販売する場合、以前は、最初にその商品を登録した出品者が有利だといわれていた時期もありましたが、現在は、一つのカートをめぐって、し烈な争奪戦が起こっています。

中には、ほかのＥＣモールや量販店で安く仕入れ、アマゾンで売る価格をライバルより下げて、カートを獲得しようと狙う出品者もいるほどです。そうした出品者に対抗するためには、こちらもアマゾンのポイント還元率を管理画面で上げて……と、応戦するしかありません。

ただし、仁義なき戦いで勝ち残るには、ほかのパフォーマンスも必要です。「販売価格」以外の条件もできるだけ改善し、ページの最適化と並行してカートを取得することを目指してください。

どこにも卸していないオリジナル商品であれば、6枚掲載できる画像のうち1枚を、商品についているブランドタグの画像にすることで、他社がカートを相乗りできなくなり、カートを独占できます。これはかなり重要なポイントですから、覚えておいてください。

今からやるべきこと⑩
在庫を切らさない

そもそも売上の限界を決めるのは在庫量です。200万円分の在庫量で、1000万円の売上を目指すことはできません。売上対策ばかりに目を向け、注文が1000万円に上ったとしても、在庫切れになった途端、まず検索に引っかからなくなります。

すると、ランキングが落ち、在庫が復活しても、もう元のポジションには戻れません。**在庫**

切れがおよぼす影響は想像以上に大きいのです。

しかも、ライバルは日頃からランキングをチェックして商品開発をしています。たとえば、小さなメーカーがオリジナル商品を出品し、大ヒットしたものの、一瞬で在庫がなくなったとします。次に入庫できたのは2カ月後でした。企業としては、「さあ、もう一回がんばろう」と意気込んでいます。

ところが、2カ月後にはとてもよく似た別の商品が1位をがっちり握っているというのが、今のアマゾンの状況です。大手企業、特に通販に特化した企業の商品部ともなると、日々ランキングをモニターし、売れそうな商品を見つけては驚くべきスピードで商品化しています。

つまり、在庫切れは絶対に起こしてはいけないのです。在庫＝リスクと考えると、ヒットしすぎるのもリスクになります。

ＦＢＡで在庫切れを起こすと、ＦＢＡマークも消えてしまいます。自社の出荷量をシミュレーションして、徐々に広告を出し、ランキングを上げていくことが大事です。

競馬にたとえれば、いきなりトップに出るのではなく、レースがどう展開するか見極めるためにも、集団の中盤に位置して、様子を見ながら、「行ける」となれば最後の直線でライバルを追い抜いていくようなイメージでしょうか。

だいたいの売上予測がついてきたら、1週間の売上の倍ぐらいの在庫数を確保しておくのが望ましい状況だと思います。そうすれば、1週間に100個売れる見込みがあれば、常に200個は在庫を確保しておく。そうすれば、いきなり売れたとしても対応できるはずです。

セミナーなどで「売上を伸ばすのに一番大事なのは?」と質問すると、みなさん、「アクセス数です」と回答されますが、順番としては、在庫数の確保が先、ということになります。

今からやるべきこと⑪
セール期間中に売上を叩き出す

せっかく検索1位、ランキング1位を取っても、そこにあぐらをかいていると、あっという間に下剋上《げこくじょう》が起こり、別の販売者に1位を取って代わられてしまうのがアマゾンです。

ライバルに安値を維持され、順位をひっくり返されて、そのアイテムを捨てる決断を迫られることもあります。

そうならないために、アマゾンの大型セール「アマゾンプライムデー」「アマゾンサイバーマンデー」に参加し、定期的に売上を拡大させることをおすすめします。

ただし、大型セールへの参加は招待制となっています。ベンダーの場合は、すでにアマゾンに販売済みですから、セール品にするかしないかの決定権はありません。セラーの場合、まずアマゾンから候補として打診され、通常価格の30％以上オフ、過去1年間の最安値、最低在庫数など、示された条件をクリアできる出品者に限られます。

その候補からもれてしまった場合でも、「アマゾンタイムセール祭り」に参加できます。第2章で述べたように、「アマゾンタイムセール祭り」には「特選タイムセール」と「数量限定タイムセール」の2種類があり、「特選タイムセール」の条件は現在、非公開です。「数量限定タイムセール」に掲載される条件は、①FBAを利用している、②最低割引率20％以上、③限定数量以上の在庫を確保している、④レビュー数や星の数が一定数以上ある、などが挙げられます。

新商品の認知度を上げたい、季節商材で売上を伸ばしたい、在庫処分をしたい、下がってきた売れ筋ランキングを再び上げたい、などのときに効果的な使い方ができます。タイムセールで実績をつくることが、さらに大きなセールへの足掛かりにもなるでしょう。

どうしても「アマゾンの条件をクリアできない」場合でも、あきらめる必要はありません。

タイムセール期間中はお客様も購買意欲満々、とにかくものが売れることがわかっているのですから、タイムセールに参加はしなくとも、**期間中は自主的に値引きをしたりポイントをアップさせればいい**のです。

期間中だけクーポンを配布するのもいいでしょう。盛り上がるイベントに便乗し、一気にランキングが上がってそのまま上位を維持できるケースもあります。

今からやるべきこと⑫
ブランド登録をしてニセモノを排除する

あなたの会社の商品に商標があれば、ブランド登録をすることで、アマゾン内でドメイン（amazon.co.jp/〇〇〇）を取得できます。独自ドメインを取得すると何ができるのかというと、アマゾン内にブランドショップのような自社ページをつくることができます。

商品コンテンツもたくさん入り、ブランドの魅力をユーザーに伝えるプロモーションができると同時に、売上やトラフィック参照元（このページにくる前に見ていたページがどこか）の詳細データを確認でき、データを分析しながら売上拡大を狙えます。さらに、ブランド専用の広告を使えるなどのメリットもあります。

これがあることによって、実は、もう一つメリットが生まれます。それがコピー商品の排除です。アマゾンは複数の店舗の商品が重なるように登録されているため、順番が後の商品の中にコピー商品が紛れ込んでいることがあります。

アマゾン側では本物とコピーの区別がつかないため、コピー商品が最安値でカートを取得している場合もあります。実際、お客様の手元に届いてからニセモノと発覚、ブランドの落ち度はないにもかかわらず、レビューが荒れてしまうことがあったのです。

現在は、ブランド登録者が監視し、ニセモノを見つけたら業者を指定し排除できるように整備が進んでいます。

3 スポンサープロダクト広告を活用して売上を伸ばす

スポンサープロダクト広告とは、検索キーワードに連動して表示されるクリック課金型のモール内広告です。検索結果ページの上部や下部、商品ページの下部に表示されます。

膨大な数の商品が売られているアマゾンにおいて、検索結果の1ページ目に商品を表示させるのは非常に大変です。しかし、スポンサープロダクト広告を活用すれば、検索結果の1ページ目に商品を表示させやすくなり、「商品ページのアクセス数の増加」→「注文件数の増加」→

図15　アクセス数の増加で注文件数の増加＆通常検索での上位表示につながる！

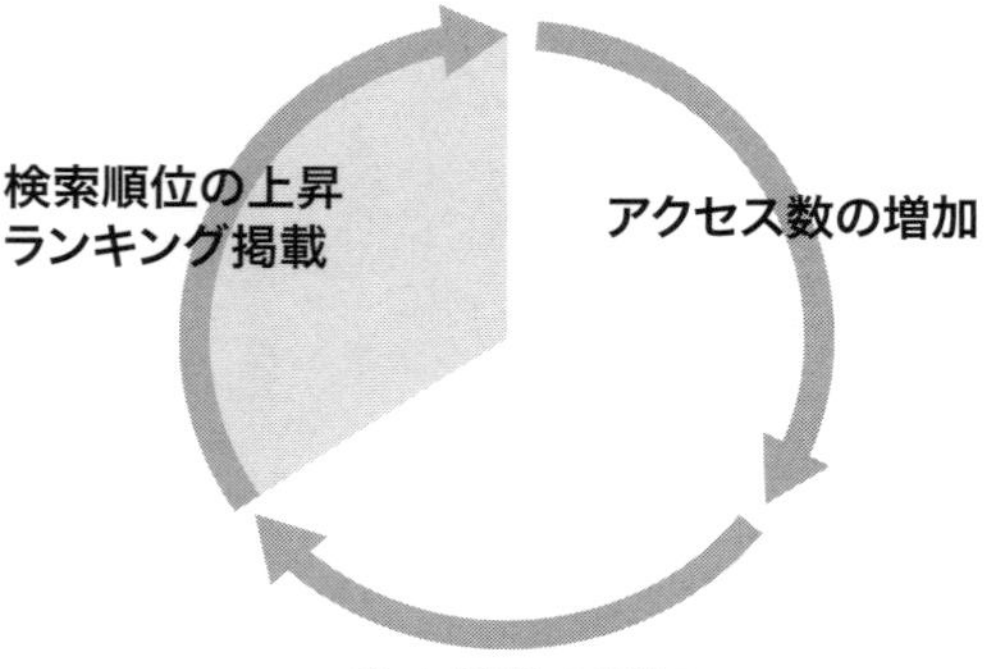

「検索順位の上昇・ランキング掲載」→「アクセス数のさらなる増加」……というプラスのサイクルを素早く生み出すことができます（図15）。

特に、**新着商品や売上実績が少ない商品は、検索結果で上位表示することが難しいため、スポンサープロダクト広告が効果を発揮**します。

すでに検索結果で上位表示されている商品の売上をさらに増やすことにも有効です。

今からやるべきこと⑬
広告効果が高いキーワードを探す

広告効果を高めるポイントは、商品ごとに「売れるキーワード」を選ぶこと。キーワードを探す際に有効なのが、「サジェストワード」です。

サジェストワードとは、アマゾンの検索窓にキーワードを入力した際、検索窓の下に表示される関連ワードのこと。たとえば、「財布 レディース」と入力すると、その下に「財布 レディース ブランド」「財布 レディース 長財布」「財布 レディース かわいい」といったサジェストワードの組み合わせが出てきます。

サジェストワードは、ユーザーが検索する際に頻繁に使うキーワードですから、商品ページに埋め込むと検索対策に有効です。

次に、店舗において実際に商品を購入したユーザーが使ったキーワードを調査します。**購入につながりやすいキーワードとは、「広告効果が高いキーワード」ですから、それを商品ページに埋め込むことで、広告の費用対効果の改善を促進できる**のです。

今からやるべきこと⑭
入札単価を最適化する

キーワードを商品ページに埋め込んだら、次は1クリックあたりのクリック単価を調整します。

まず設定するのは、広告のクリックに対して支払う〝最高額〟です。この金額は、キーワードやカテゴリーによって変わりますが、仮に「10円」で設定した場合でも、実際にかかった金額は2〜3円だったなど、安く済む場合もあります。基本的には入札額が高いほど広告が表示される可能性が高くなります。

次に、その後の推移を追いながら入札単価を最適化していきます。狙ったキーワードで広告が表示されているか確認し、問題なければ、入札単価を下げてみるのです。それでも広告が出るようであれば、費用対効果を上げることができます。

反対に広告が表示されなければ、入札単価を戻すか、あるいはキーワードを変えてみるなど、定期的にデータを見比べて、調整していくことをおすすめします。

スポンサープロダクト広告は、スタートして間もないサービスであることから、まだ競合も少なく、ほかのモールなどと比べてクリック単価も低く抑えられ、費用対効果の高い販促となるはずです。

楽天の検索結果ページもアマゾンとよく似たつくりをしていますが、現在広告を載せられるのは検索結果の1ページ目だけ。しかも5枠しかありません。つまり、入札価格1位から5位にいないと広告がまったく表示されない仕組みのため、当社のデータではどうしても入札価格が高くなる傾向があります。

その点、アマゾンは掲載面が多く、1ページあたりの掲載枠は最大12。入札価格で上位に入れば、ベストセラーの商品と並んで表示され、それだけクリック率が高まります。
順位が13位以下でも広告枠は用意されていますので、2ページ目、3ページ目でも、とにかく掲載し、売上推移を見てみるのも一案です。

ちなみに、入札の結果、仮に10円の広告費（クリック単価）がかかった場合、1000円の商品を1個売るためのコストはいくらになるでしょう。

セラーの場合、売れた商品に対するアマゾンへの手数料がおよそ15%ですから、〈10円（クリック単価）＋150円（手数料）＝160円〉かかる計算です。1クリックの費用の計算式を研究し、広告費用のコストを減らすことも大切です。

今からやるべきこと⑮

競合商品のページに広告を割り込ませる

広告を掲載できる場所は、検索結果ページだけではありません。**ライバルの商品ページに割り込ませることもできます。**

たとえば、A社の商品の下に、B社が「この商品に関連するスポンサープロダクト」を掲載することができます（図16）。

図16　アマゾン内での広告表示例(PC版)

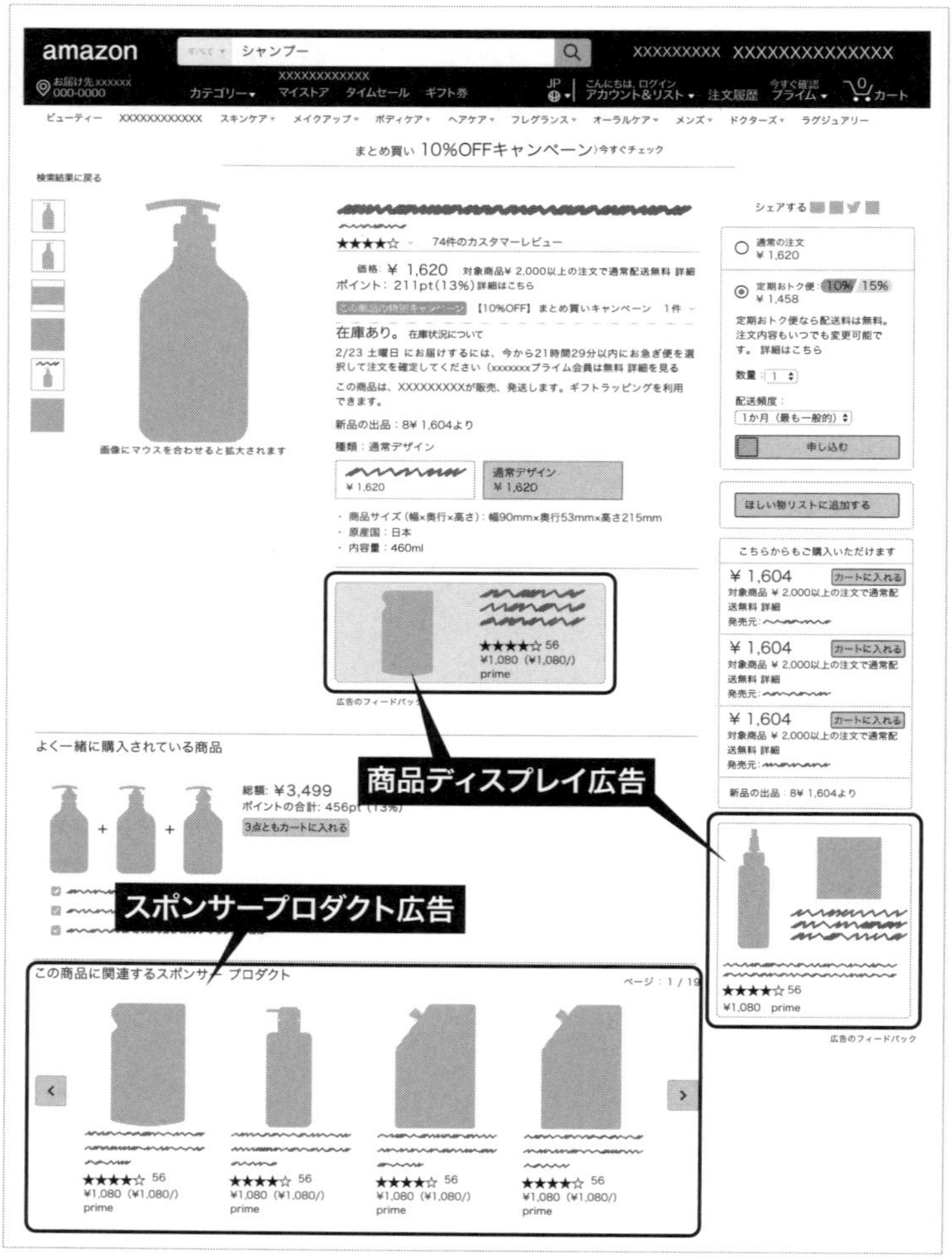

露出度を増やすという意味合い以上に、A社の商品を買う決定をしようとしている人に、「同じ商品で比較してもらおう」と勝負を挑む広告の出し方です。

実店舗なら、他社の棚に自社の商品を割り込ませるなど許されることではありませんが、アマゾンは、情報収集や他社との比較検討のために検索結果ページだけでなく、商品ページの中にも広告を入れることを容認することで、「この商品を買おう」という高いモチベーションを持ったお客様にも対応する状況をつくり上げたのです。

84ページで紹介した「商品ディスプレイ広告」を使えば、カートボックスの下や、商品説明の箇条書きの下に掲載が可能です。

ここは1枠しかないので、クリック単価は上がりますが、競合商品のページに自社のもう少し安価な商品を入れ込んだり、カート下にぶら下がるポジションを取ったりすることで、A社の商品を買おうと思っていたユーザーが心変わりし、メーカーを替えて購入する可能性が出てきます。

また、この枠を使い、同じ商品でなくても、関連商品の広告をぶつけ、ついで買いを誘う方法もあります。

こうした割り込みの概念は、おそらくアマゾンのほかにありません。逆に競合商品から割り込み返され、泥沼の争いが始まることもありますが、自社広告の表示回数、クリック率、その後の商品購入率などを知ることもでき、やってみる価値は十分にあると思います。

以前は、商品の下に、突然、別の商品の広告が出るような時期もありましたが、露出のみを狙う広告はユーザーを不快にさせるとして、正当な勝負ができる広告以外は掲載されにくくなっています。

今からやるべきこと⑯
弱いブランドからシェアを奪う

ただし、強力なブランドがすでに売上を独占している場合、あなたの会社の商品がどれだけ優れていても、広告をぶつけて勝てる可能性は極めて低いと思ってください。

たとえば、カミソリではシックとジレットでマーケットの約85%を押さえています。残りのブランドで約15%を取り合う状態です。

大きい市場を狙うか、小さい市場を狙うかと問われたら、「大きい市場」と答える人が多いでしょう。

しかし、ユーザーの検索パターンを統計で見てみると、ほぼ9割の人が強いブランド以外、見向きもしていません。つまり、固定ファンがついている商品の間に広告を入れても、シェアを奪うことは非常に難しいといえます。

反対に、弱いブランドを購入する人は、特にブランドを決めていない人が多いことがわかっています。

そうであれば、小さい市場のすき間に広告を入れ込むことで、比較的容易にシェアを奪えるというわけです。

競合と戦う戦法として「弱者から攻撃する」の原則がありますが、すべてのライバルからお客様を奪おうとすれば、体力を消耗するわりに得るものが少なくなります。1ランク下の相手を敵と定め、狙い撃ちする＝「勝ちやすきに勝つ」ことが重要なのです。

あなたの会社の商品が今3位だとしたら、広告をぶつけるべきは4位の商品です。4位の相手からシェアを奪い続けることで上位との差が縮まり、2位を脅かす存在になることもできるでしょう。

そこで確実にシェアを奪うためには、一つ課題があります。アマゾンではレビューの点数の悪い商品は検索順位が下がる仕組みになっていますので、**広告を出すと同時に星の数を4以上**

にすることがポイントです。

3以下だとシェアを奪うことも難しく、逆に奪われる可能性が高くなることを覚えておいてください。

4 検索上位に表示させるためのカスタマーレビュー対策

検索上位に行くための要素の一つが、高評価レビューの数です。良いレビューが集まると、ユーザーが安心して購入できるようになるのはもちろん、アマゾンからの評価も高まります。

レビューは簡単に増やせるものではなく、時間もかかりますが、当日出荷、土日対応、受注後の即時返信など、できることは何でもやりましょう。

あなたの会社のサービスに満足したお客様が書いたレビューが、結果として大きな資産となり、検索順位の上昇につながるのです。

今からやるべきこと⑰
悪いカスタマーレビューを放置しない

まず大切なのは、集まったレビューを定期的にチェックすることです。検索上位の販売者は毎日レビューをチェックしています。

そして、カスタマーQ＆Aに回答するのと同じく、レビューにコメントを返すことも重要なポイントです。

たとえば、洗浄力がセールスポイントのシャンプーに対して、「このシャンプーを使ったら髪がパサつくようになった」というコメントが入っていたとします。

そのお客様はもともと髪の水分量が足りないのに、間違ったシャンプー選びをしているのかもしれません。だとしたら、そのことをわかりやすく説明し、かつ、商品説明の箇条書きにも追記することで、同じような間違いを減らすことができるでしょう。そうなれば、悪いレビューも少なくなります。

ほかにも「香りがきつい」「サイズが合わない」「使い方の説明が不親切」など、商品によって書かれやすいレビューをしっかり分析し、ページの中で対応していく。とにかく読みっぱなしにしないことが重要です。

現在、アマゾンでは、商品コンテンツが「ユーザーの役に立つ商品ページかどうか」を基準に選定され、ユーザーが求める情報を的確に提供できるほど、表示順位が高くなるように設定されています。

質問やレビューに返信すればするほど、勝手にページが成長していくイメージです。地味で目立たない作業ですが、成長スパイラルに入るためには、非常に大事なポイントになるのです。

今からやるべきこと⑱
アマゾン・ヴァインでレビューを増やす

新商品であれば、レビューの数を集めるための先取りプログラム「アマゾン・ヴァイン」を活用するのも有効です。

手数料は1商品8万円かかりますが、未発売の商品サンプルをこのプログラムに登録したヴァインメンバー（トップレビュアー）に試してもらい、レビューを書いてもらうというもので、良い感想をたくさん集めることができれば強力な武器となり、売上アップに弾みがつきます。商品サンプルの数は自由で、アマゾン・ヴァインはベンダーのみ利用可能となっています。

今からやるべきこと⑲
自社のファンをアマゾンに一点集中させる

これまでは、「ECモールは手数料がかかるので、ここで新規客を集めて、本店（自社サイト）に誘導したい」という考え方が一般的でした。

ところが、今は、アメリカの新しい流れとして、**「すべての経営資源をかけてアマゾンで1位を取ることがブランディングになる」**という考え方にシフトしています。

アメリカではECの約半分がアマゾンですから、お客様はアマゾンのほうが買い慣れていますし、その商品のファンでも送料無料で早く届くアマゾンで買いたい人がほとんどです。

そうなると今度は「アマゾンで一旗揚げよう」という販売者でひしめき合い、他社との差別化が難しくなる。そこで武器になるのが、自分たちがやっているメルマガの顧客情報やSNSのフォロワーです。

自社のファンをどんどんアマゾンに送り込めば、売上が上がり、ファンだからこそ好意的なレビューも増え、ライバルたちを頭一つリードすることができます。

本店やメルマガの顧客情報、ツイッター、フェイスブック、インスタのフォロワー数が多いほど、優位に立てます。

たとえば、「テックアーマー」というスマホの保護フィルムを売っているショップでは、メルマガで本店のセール告知を行う際、「アマゾンでこのクーポンコードを入れても15%オフ！」と誘導しています。同じ割引率なら、「じゃあアマゾンで買えばいい」と思う人が増えるでしょう。

ツイッターなどでも呼びかけた結果、アマゾンレビューを1万件以上集め、ランキング1位に上り詰めました。

日本の事例はまだ少ないものの、すでに動き出している販売者もいます。ツイッターで自社のフォロワー4万5000人に対してアマゾンで使える20％オフクーポンを発行したところ、さらにフォロワー数が増え、1週間のセール期間中に通常の1カ月分売れたという飲料メーカーのデータも出ています。

割引ができない場合は、ポイント倍付けなどの特典をつけてもいいでしょう。

はっきりいえるのは、**2年後に動き出すのでは遅い**ということです。少なくとも、今からファンのリスト集めをしっかりやっておくことを強くおすすめします。

今からやるべきこと⑳
カスタマーレビューで絶対にやってはいけないこと

レビューの「やらせ」には罰則があります。

自分たちで書く、社員に書かせる、家族に書かせる、知り合いにお金を渡して商品を買ってもらい、書いてもらうなどしてレビューを集めたことが発覚し、楽天で退店処分を受けた店舗はたくさんあります。

お店の大小は関係ありません。スポーツブランドで3番目に大きかったショップも、ルール違反で退店させられました。

アマゾンも、社員、関係者が書いたレビューは掲載禁止、特典やプレゼントと引き換えに書かれたレビューも禁止、発覚した場合は裁判に持ち込む可能性があるという内容の通達を出しています。

不正なレビューは必ず見つかります。

たとえば、当社の分析では、レビューの注文に対する記入率は、アマゾンで1％以下。100人が買って1件増えるかどうかという数字です。わかりやすくいえば、それが突然100個売れて、100件レビューが増えたら、当然すぐさま調査が入るというわけです。

厳密にいえば、どこから発信されたのかIPアドレスで確認ができます。不正はごまかしようがないのです。

今からやるべきこと㉑ 規約違反のレビューを消す

高評価レビューの多い商品は購入率が高く、検索上位に行ける大きな要因であることは、すでに述べた通りです。

実は、**店舗評価に関するレビューの中で、「商品に関して書いてあるものはすべて消せる」というルールがアマゾンにはあります。**出品者が提供したサービスについてではなく、コメントが商品レビューに終始している場合、その中から星の数3以下のレビューを対象にどんどん消していくと、平均点が上がるシステムなのです。

たとえば、「出荷の対応が遅い」「梱包が汚い」といったレビューは消すことができませんが、「カーフィルムが貼りにくかった」「サイズが合わなかった」といった商品に関する悪いレビューは消すことができます。反対に良いレビューは残しつつ、毎日、レビューをチェックして不要なものを消していった結果、顧客評価の高さをあらわすアマゾンの年間賞（マケプレアワード）を受賞した出品者もいます。

もちろん、商品ページのレビューも規約違反を見つけたら削除は可能です。しかし、商品によっては、悪いレビューであれ1件でも多いほうが売れるというセオリーがあり、たとえ星の数1であっても消さないほうがいいケースが多いという感触です。

星の数も多いほうがいいのは当然ですが、**多すぎると事前期待が大きくなり、「高評価レビューで買ったが、意外とたいしたことなかった」というレビューで星が減ってしまう可能性もある**ので、悩ましいところです。

正しい施策をやり切り、売上低迷から脱却する

アマゾンで売上が伸び悩んでいる売り手の多くは、正しい施策を打てていません。

アマゾンの仕組みを理解し、「商品ページの最適化」と「スポンサープロダクト広告」、そして「カスタマーレビュー対策」をしっかりと実行すれば、どんな売り手でも売上を伸ばすことができると思います。

私がよくクライアントさんにお話しするのは、次のことです。

「社内で考えた施策をやり切ってください」

まず、**どんな細かい施策でもいいので、思いついたものを全部出してもらいます**。すると、「社内の人に買ってもらう」というものから、「取引先にパンフレットを配る」「顧客にメルマガを送る」「ツイッターでつぶやく」「インスタに投稿する」「商品名のキーワードを入れ替える」「画像を差し替える」「広告のキーワードを変える」「ユーチューバーに宣伝してもらう」というものまで、大抵50~100個は出てきます。

次にそれを「集客用」と「転換率アップ用」に分け、チェックリストをつくります。そして、**予算内でできることをやり切ってもらう**のです。

すると、ECはすぐに結果が出るので、「この施策は良かったから続けよう」「この施策は可能性があるから、やり方を変えてもう一度やってみよう」「これはうちの商品には合わないからやめよう」などと判断できます。

そのチェックリストを改良していけば、それ自体が社内のノウハウになります。いかに施策を徹底し、継続して実施できるかが、売上拡大のカギになるのです。

正しい施策を打てるようになると、徐々に検索順位が上がり、売上が伸びていきます。そこで気にしてほしいのが、「**お客様の視点で競合相手を見る**」ということです。

「競合が登録している写真の枚数とうちの枚数は同じか」「イメージ写真・モデル写真を使っているか」「わかりやすいマトリックスを使っているか」「当日出荷しているか」「ポイントをつけているか」など、細かいところまで比較して、お客様にとってメリットがあるのに自社ができていないもの、自社より優れているものを探していきます。

それが見つかれば、自分たちがやるべきことも必然的にわかるようになります。これもチェックリストにしてみると、さらに自社のコンテンツが磨かれていくでしょう。

次章では、商品を7つのタイプに分け、成功事例と陥りやすい失敗事例をご紹介していきます。

第４章

７つの
商品タイプ別の
販売・育成戦略

商品は稼げるようになるまで育てるもの

前章で、アマゾンで自社の商品の売上を拡大させるための施策について述べましたが、やるべきことを全部やった結果、やらなかった結果、どうなったのか。第4章では、商品をタイプ別に分け、成功事例と陥りやすい失敗例について、それぞれご紹介していきます。

私たちが所属しているEC専門コンサル会社「いつも.」は、「商品は稼げるようになるまで育成していくものである」という定義のもと、さまざまなご提案をしています。

たとえば、新商品なのか、すでに市場で売れている商品なのかによって、マーケティングの仕方、売上を伸ばすための手法、お金のかけ方は違ってきます。

アマゾンで売られている商品アイテム数は膨大ですが、タイプ別に大きく分けると、次の7つに集約されます。

1. **ヒーローアイテム**……すでにアマゾンランキングで1位のアイテム
2. **シーズンアイテム**……季節アイテム
3. **セットアイテム**……セット販売できるアイテム
4. **ローンチアイテム**……発売間もないアイテム

5. **ネクストヒーローアイテム**……アマゾンランキングで2～5位のアイテム
6. **ギャップアイテム**……実店舗で売れているが、アマゾンでそれほど売れていないアイテム
7. **ローレビューアイテム**……レビュー点数が3以下のアイテム

では、これらの商品を育成するために、どんな戦略を立てればいいのでしょうか。

ヒーローアイテムはすでにアマゾン1位ですから、育てるというより1位を守ることが戦略になりますし、ローンチアイテムは新商品、または無名ブランドなので、新規顧客を獲得するための戦略が必要です。また、シーズンアイテムは各社が一斉に売り出すため、どうやって混戦を抜け出すかが育成戦略の一番のポイントになります。

本章では、実際にアマゾンで売上アップに取り組んでいる企業の中から、いくつかの事例を取り上げ、今後みなさんが実行するにあたって注意すべきポイントなどをわかりやすくお伝えします。

アマゾンで一日も早く結果を出すためにも、あなたの会社の状況と照らし合わせながら、ぜひ参考にしてみてください。

ヒーローアイテム・成功例

ブルーオーシャンを見つけて短期で1位に

まずは、白衣の販売を行うA社のケースです。

A社はもともとメーカーから医療者用白衣を仕入れて、自社のネットショップのみで販売していました。しかし、仕入れ商品は値段のたたき合いになってしまうため、アマゾンに進出するにあたり、**自社オリジナル商品4点を中心に広告を集中させようと決め、商品ページの最適化に加えて、スポンサープロダクト広告で面を押さえ、わずか1カ月で1位を獲得しました。**

現在は、楽天市場でも上位を維持しています。

アマゾンで1位を取れた要因は、次の2つだと思います。

①アマゾンの商品ページは商品画像のガイドライン（バックは白抜きなど）が決まっているため、アパレルに関しては魅力が伝えづらく、比較的弱いカテゴリーに位置している。

②アマゾンではコスプレ・仮装系の商品が売れている。

アパレルが強くない＝A社にとっては、競合がまだ少ないということです。

一方で、コスプレ・仮装系の衣装はよく売れている。実際に、「白衣」で検索すると、「コスプレ衣装」「コスチューム」「ファッション」といったキーワードで埋め尽くされていました。A社の商品のような本物のドクターが使う白衣はなかったのです。

もちろんプロ仕様ですから、コスプレ用より値段はワンランク上がりますが、それでも2000円台であれば「本物を着てみたい」と思うのが人間の心理です。

要は、ある程度値段が安く、しかも品質が高い白衣のポジションがマトリックスとして完全に抜けていたのです。

その結果、ハロウィンで爆発的に売れ、1位を取ることができました。以降、毎月コンスタントに数百万円を売り上げています。

似たようなケースとしては、楽天で売れているのにアマゾンでは売っていない商品、あるいは、アメリカではダントツ1位なのに日本ではまだランキングが低い商品などが挙げられます。

さて、このように二重の穴場を見つけ、成功したA社ですが、しばらくすると、別の会社が本物の白衣をA社より安い価格で出してきました。1位の商品は必ずマークされ、類似品が出てきます。ライバル社はサイズごとにわずかに安値をつけてきました。

そこで、**A社が1位を守るために取った施策は、サイズバリエーションを増やすこと**でした。

男性用はSから3Lまでサイズを広げることで、相手との差を広げたのです。女性用ではカラーバリエーションも展開しようとしています。つまり、同じ商品でも相手の持っていない領域を広げることが一つの防御策になります。

それから、在庫切れを起こさないこと。これは、相手につけ入る隙を与えないための最重要ポイントといえます。各サイズ、最低でも1週間分以上はキープし、いつでも生産できる体制を整えています。

せっかく1位を取ったのに、順位を落としてしまう最大の原因は、まさに「在庫切れ」です。オンリーワンの商品は別ですが、競合がいれば在庫が切れた瞬間、簡単に1位を取って代わられてしまいます。

アマゾンは商品に複数の店舗がぶら下がっていると先述しましたが、お客様はその店舗だから買いたいわけではなく、ただその商品を早く手に入れたいだけなのです。

1位の商品を買おうと思ったけれども、ほしいサイズが欠品していたら、迷わず2位の商品をカートに入れるでしょう。

以前は、売れているように見せかけるために、在庫切れ商品をわざと置いていた店舗もありましたが、ネット通販で買うのが当たり前の世の中になり、事情は変わりました。スピード勝負のアマゾンで、在庫切れは命取りになることを心に留めておいてください。

ヒーローアイテム・失敗例
マイナーチェンジで再登録をしてはいけない

もう一つ、絶対にやってはいけないのは、商品の再登録です。

実際にあった話として、育毛シャンプーのB社は、1位だった商品をリニューアルした際、リニューアル前の商品を消して、登録し直しました。

再登録すると、どうなるかというと、これまで時間をかけて磨き上げてきた商品ページのコンテンツがすべて消えてしまうのです。B社はそのことを知らず、販売実績もレビューもすべて失い、積み上げてきたものを「ゼロ」にしてしまいました。

繰り返しになりますが、お客様は店舗ではなく、商品についています。アマゾンも商品自体で評価しているので、実績のある商品が検索上位にくるわけです。

にもかかわらず、売れている商品のページを削除してしまったら、自分からお客様を捨てるようなものです。

では、B社はどうすればよかったのでしょうか。

正解は、「**そのまま商品ページを使い続ける**」。商品の中身を少し変えてバージョンアップをしたり、パッケージをリニューアルしたぐらいで再登録する必要はまったくなかったのです。写真を差し替えても、値段を変えても、問題ありません。

実店舗ですと、パッケージをガラッと変えて売れなくなるケースがありますが、ネット通販の場合、検索上位の商品がそのまま売れる傾向があるので、今のところ大きなマイナスにはなりません。

それより、過去の実績を一回すべてリセットしてしまうことのほうがよほど大きい打撃です。B社も、売上、レビューとも一からやり直しとなってしまい、この商品の売上が伸び悩んだ時期がありました。

しかし、こうした間違いが起こる場合は、EC担当者の入れ替わりが激しかったという、会社の内部的な問題も絡んでいます。知識の浅い担当者が、前任者の引き継ぎをしっかり受けないまま実務を担当した結果、起こる悲劇ともいえます。

シーズンアイテム・成功例
シーズン中に再発注をかけてギャンブル性を回避

次にご紹介するのは、夏はスポーツブランドのラッシュガード、冬はスノーボードウエアを販売するC社のケースです。

ラッシュガードは、サーフィンなどマリンスポーツ用のアンダーウエアとして着用されてきましたが、その後、ファッション性に優れたものは日焼け対策として水着の上から着用したり、ランニング、サイクリング、登山、キャンプなどのアウトドア、あるいは街着としても着用されるようになり、需要が広がりました。現在、C社のラッシュガードは、検索上位を独占しています。

季節商品の売り方は特殊です。冬のウエアアイテムであれば、通常、9月頃に商品がドッと入荷してきます。そして、10月から売り始めて、翌年の2月くらいまでに売り切って終わり、というのが理想的なパターンです。

C社も、途中で売り切れる商品があっても、歯抜け状態のままシーズン終わりまで行く、というのがもともとの売り方でした。

C社ではラッシュガードの市場が大きくなり、売上も右肩上がりに伸びていました。ところが、ある年、売上がガクッと下がります。その理由は、先ほど触れた在庫切れが関係していました。以前は、白が売り切れると、同じブランドのほかの色が買われていたのが、ある年から、まったく反応がなくなってしまったのです。**ユーザーの動向を見ると、隣のショッ**

プの白が売れているというデータが出ました。

そこで、C社がどうしたかというと、これまで中国の工場へシーズンに1回しか発注しなかったのを、60日ごとに再発注をかけることにしたのです。そのとき、「これで、ギャンブルじゃなくなりました」とおっしゃった社長の言葉が非常に印象的でした。

トレンドカラーはその年によって変わっていきますから、市場の反応を見て、売れるとわかっているものを仕入れることができれば、売り逃しがなくなると同時に、在庫のだぶつきもなくなり、結果として経営状態が安定します。

それも、数年前なら「売りたい色を売る」ことができました。商品画像の左上に在庫数の多いものを置いておけば、自然とお客様もそちらに寄っていたのです。

しかし、今は、競合がひしめいているため、ほしい色が決まっている場合、「隣の店でも同じような商品を扱っていて、レビューで品質も確認できたら、どちらで買っても変わらない」というように消費者意識が変わってしまいました。

C社は、商品を最初に入れる入荷月も見直しました。「グーグルトレンド」というキーワードツールを使い、「ラッシュガード」と入れると、過去12カ月間の検索数が出てきます。

すると、**夏の商品にもかかわらず、3月頃から数字が上がっている**ことがわかりました。

一番消費の多い7月中旬を100とすると、3月の第一週に10%を超え、そこから右肩上がりになっていたので、「3月上旬から始めましょう」とご提案し、そこに照準を合わせて商品を投入しています。このツールは無料で気軽に使えるので、みなさんにおすすめしています。

C社はさらに、シーズンアイテムにもかかわらず、今は通年販売を続けています。それが実は強さの秘密なのです。理由は2つあります。

①シーズンアイテムでも検索数はゼロにならない↓**少ないながらも需要がある**

②ずっと売っていれば1位をキープできる↓**一旦休んで、シーズンごとにランキング圏外から1位にすることは難しい**

そこで、これまでは8月にセールで売り切って在庫をなくし、また3月に投入というパターンだったのを、冬に売るための商品を9月に追加発注してもらっています。

シーズン外に在庫を持つことに対して最初は難色を示していた社長も、今では年間1位からのシーズンスタートダッシュの売上のすごさに納得されています。

シーズンアイテム・失敗例

シーズンオフをつくると、実績がリセットされる

失敗例は、成功例の逆パターンということになります。

シーズンで売り切って、「よし、来年またがんばろう」という体制になると、結局は、実績がリセットされてしまうため、次のシーズンにまた花を咲かせるためには、広告費が想像以上にかかったり、売るための値引きをしたり、おまけをつけたりと、余計な労力がかかります。

それでも売上が伸びなければ、顧客にメルマガを送ったり、アマゾン以外でも広告を打ったりして、もう一度認知度を高めてから売る、ということになります。

だったら、**リセットせずに売り続けるのが、もっとも合理的な売り方**といえます。

やはりそれも、以前と比べて競争が激しくなったことが影響しています。ECチャネルの販売に入ってくるプレーヤーが増え、1回取ったポジションは必死に守っていかないと取られてしまう状況になっていることが大きいといえるでしょう。

セットアイテム・成功例
商品ページを「バリエーション豊かなショップ感覚」にする

セットアイテムの成功例としてご紹介したいのは、観葉植物専門店のD社です。同じページの中で気に入った鉢カバーを選択することができ、カジュアルなカゴカバーから高級感のある白い陶器の鉢に変えることで、価格も4680円から1万800円に大幅アップ。当初の目的の商品より高いものを買ってもらう「アップセル」で成功しています。

当初はカゴの鉢カバーと陶器の鉢を分け、別商品として登録していましたが、2つの商品を統合したところ、ギフト需要として陶器の注文が伸び、全体で売上を伸ばしました。

商品の品ぞろえをページ内で増やしたのは、アマゾンの考え方とは逆を行く「ショップ」の発想からです。

ここまで散々、アマゾンでは商品にお客がつくのであって、ショップがどこかは関係ないと言い続けてきました。その証拠にアマゾンは、ある商品ページまでたどりついて、「よく一緒に購入されている商品」や「この商品をチェックした人はこんな商品もチェックしています」というおすすめはしてくれても、「この商品を販売しているショップの別商品」はすすめてくれないシステムです。

しかし、お客様の中には「このショップは、ほかにどんな商品を扱っているのかな」と思う人もいます。

楽天市場でいえば、商品ページからショップのトップページへ行く人が全体の10％くらいはいるのです。楽天という大きなモールに入っているショップで買うイメージです。その「ショップ感覚」をアマゾンに持ち込んで成功したのが、D社といえます。

最近では、「1ページにできるだけ多くの提案を入れよう！」と、セット商品を次々につくっています。あるページでは、アレカヤシ（8号）とサンスベリア（6号）が2鉢セット1万800円で売られていますが、「色」を選択すると、写真に写っている右側の6号の鉢がサンスベリアからユッカに、あるいはモンステラに替わります。

いくつかのパターンを見せることで、お客様自身がコーディネートしている感覚になっていくのがD社のページ構成の特徴です。

このようなショップ感覚のページづくりをしておくと、「あらたに季節のギフト商品を売りたい」というときも、セットアイテムの一つとして登録すれば簡単にアイテムを増やすことができます。

新しい商品として登録すると、誰の目にも触れずに終わってしまう可能性がありますが、ある程度育ったページ内に登場させれば、お客様が勝手に見てくれます。

同じセット商品でも、違うパターンで成功しているのが、化粧品メーカーのE社です。

ドラッグストアで売れている従来の基礎化粧品とは完全にターゲットを分け、EC用に開発したプチプラコスメを多くの人に試してもらおうと、さっぱりタイプの化粧水としっとりタイプの化粧水の「つけ比べ2本セット」を発売したところ、10～20代の若年層にヒットしました。

この背景には、美容系ユーチューバーの「つけ比べ」に関する投稿動画を多くの女性たちが参考にしているというトレンドがあります。

毎年、いろいろなコスメが発表されますが、失敗せずに優れたコスメを購入したい人に対して、自分たちのレビューをいち早く届けることでフォロワー数を伸ばしたいユーチューバーたちが、商品のテクスチャー・色味・香り・使用感などが似ている商品を比較したり、百貨店コスメとプチプラを比較したりしているのです。

こうした流行りにあやかる形でのスタートでしたが、化粧品という特性も手伝って、私たちの想像を超えるスピードでレビューが集まり、検索上位に上昇していきました。

発売後1年経《た》った現在では、「しっとりセット」と「さっぱりセット」を分けて販売し、安定した売上を保っています。

セットアイテム・失敗例
自社のファンを裏切る商品をつくるな

ただし、セットアイテムのパターンも多ければいいというものではありません。以前、パターンをつくりすぎて、売上が分散してしまったケースがありました。

当時はまだセット商品の競合が少なく、検索結果が上位に上がり、ランキングが上がったことで欲が出てしまったのでしょう。人工植物を販売するE社は、4商品の組み合わせであれもこれもと、何と50パターンもつくってしまったのです。

別ページでの展開でしたので、ページ数も50ページあり、「合算すれば1位になっていたのに……」という残念な結果になってしまいました。

シーナ・アイエンガー著『選択の科学』（文藝春秋）によれば、高級食品店の試食コーナーに色とりどりの24種類のジャムを並べたときと、6種類のジャムを並べたときでは、売上は品ぞろえが少ないほうが圧倒的に大きかったといいます。

それと同じで、**選択肢が多すぎてもお客様は選べない**ということです。

セットアイテムといえば、福袋もセットアイテムの一つです。

福袋を買う層とはどんな人たちかというと、約7割がリピーターというデータがあります。そのブランドやショップのファンだからこそ、中に何が入っているかわからなくても安心して買うことができるし、届くのが待ち遠しくなるのです。

ところが、中には売れ残りの在庫品や、古い商品ばかりを入れる売り手がいるのも事実です。**もっとも大事にしなければいけないお客様に対して、裏切り行為ともいえる福袋を販売したとしたら、そのブランドにはもう不信感しかなくなるでしょう。**

レビューの低さ、コメントがその福袋のレベルを物語っています。

今はSNSの時代ですから、ツイッターですぐに写真も公開され、内容のひどさが拡散されます。買った人が公開することを前提に商品を組み合わせなければ、一番損をするのは自分たちなのです。

ローンチアイテム・成功例

外部の販促も積極的に取り組む

発売間もないローンチアイテムでご紹介するのは、女性用育毛剤のF社とG社です。両社そろって好調な出足を見せています。

育毛剤は男性が使うものというイメージは過去のもので、現在、女性用の頭皮ケアの市場は、男性用商品を上回るほど広がっており、大手化粧品メーカーや製薬会社も新しい商品を開発し、競争が激化しています。

F社はもともとシャンプーを先に手がけていたので、その顧客層をターゲットにしたことでG社に比べてスタートの勢いがよかった印象です。

対するG社は後発でその分野の知名度はまだ低く、苦戦していました。しかも、両社の商品の値段はまったく同じ、ターゲットも30〜40代の若い人向けで同じです。

そこでG社が何をしたかというと、**当面のライバルであるF社のアマゾンでの施策を徹底的に研究し、自社のやれることを洗い出して、F社との差をなくす努力をした**のです。それこそポイントのつけ方から広告の打ち方までどんどん修正していきました。

G社はさらに、自社のマス向け広告も見直しました。人気キャラクターが出演していた最初の広告は、キャラクターが立ちすぎて商品の魅力がほとんど伝わってきませんでした。

そこで、広告をあらたに商品寄りにつくり替え、薄毛に効くだけでなく、美しい髪の毛を育てる効果も期待できる内容にしたのです。それによってユーザーの反応が変わり、アマゾンでも売上が伸びていったといいます。

その業界で一気に認知度を上げていくのであれば、**アマゾン内の施策だけでなく、どれだけ外で販促をかけるのか**が重要なファクターといえそうです。

ローンチアイテム・失敗例
目標と在庫がなければ、利益を横取りされる

ローンチアイテムで陥りがちなのは、「目標がない」という状態です。

1カ月でこの商品を何個売りたいのか、いくら売りたいのか、目標がなければ何のシミュレーションもできません。

たとえば、「月に100個を目標にする」「転換率は5%」とします。

すると、100個売るためには2000人に商品ページを訪れてもらわないといけません。「だったら2000人にクリックしてもらえる広告を出そう」「スポンサープロダクト広告を1クリック50円で入札し、1ページ目に掲載できれば、1カ月10万円の広告費で2000クリックを達成し、100個売れるかもしれない」という仮説が成り立ちます。

最初はそうやって、**ゴールから逆算していく**ことが大事です。

では、目標を立てて進んだとします。次にローンチアイテムでよくあるのは、売れすぎて在庫がなくなってしまうことです。このケースは非常に多く見られます。

オリジナルの雑貨を扱うH社は、インスタ映えしそうなおしゃれなカゴバッグをアマゾンに出品し、またたく間にランキングが上がり、すぐに在庫切れしてしまいました。

ところが、生産工場に再発注をかけたところ、「入荷は来年になる」と言われてしまいます。すると、翌月にはH社の商品とそっくりなカゴバッグがアマゾンに登場していたというわけです。

実は大手企業ほどアマゾン、楽天のランキングをモニターしています。そして、目立つ商品を見つけたら、自社でも同じものがつくれないかリサーチし、速攻で生産をローンチ（＝開始）するのが今のＥＣマーケットなのです。

資金力があり、開発力もある大手企業が本気で動けば、形勢はあっという間に逆転します。**お客様にとっては「あの商品を買えるか、買えないか」が問題ですから、商品を安定供給できる大手こそ本家本元だと認識されることも多く、**オリジナルを開発したＨ社にとっては悔しい結末となってしまいました。

そんな失敗を防ぐためには、実際の売上見込みが立たないローンチアイテムであっても、売り続けるだけの在庫を持つか、すぐに再生産できる体制を整えるか、そのどちらかを押さえておく必要があります。

もちろん、ローンチアイテムが売れる確率と売れない確率、どちらが高いかと聞かれれば、売れない確率のほうが高いという事実はありますが、**売れているのに在庫がないというのは、一番もったいないパターン**といえます。

ネクストヒーローアイテム・成功例
「ランキング2位」でもいい理由とは

次に、今、アマゾンで2位から5位でがんばっているネクストヒーローアイテムとしてご紹介するのは、女性下着メーカーのＩ社です。

一番の売れ筋は補正下着（ブラジャー）です。

同じ補正下着ではＩ社よりもっと高級なブランドがありますが、高級ブランドが１万円と高額なのに対してＩ社は６０００円台。この価格で脇肉・背中の贅肉が移動し、きれいなバストをつくるとあって人気が高まり、一時は１位までランキングを上げました。

ところが、その特徴をまねた商品が３０００円台で出てきてしまったため、１位の座を明け渡し、現在は２位に甘んじているところです。

１位を奪い返せない理由は、３０００円台と６０００円台で品質や機能の違いが明確に打ち出せないことです。ですが、「２位でもいいではないですか？」とＩ社にはお話ししています。なぜかというと、価格帯別で見ると、６０００円台で１位を取れているからです。

３０００円台のブラを買うお客様と６０００円台のブラを買うお客様は、別のお客様です。６０００円台の価格帯のほうが市場としては小さくなりますが、そこで１位になって、ブランド力を上げていくことで、「１万円のブランドよりＩ社がいいんじゃない？」というお客様を少しずつ増やそうというのが、現在の戦略です。ですから、今の２位は「あり」なのです。

もちろん品質には自信があります。だからこそ、値段で競争して利益率を下げるより、ブランド価値を上げていこうと、I社の地元でＣＭや路線の吊革広告、メディアに露出するなど、さまざまな試みをしているところです。

しかし、下着はつけてみないと実際のところはわかりません。アマゾン内の施策としては、徹底したキーワード対策、商品ページのＱ＆Ａを充実させること、それから返品交換を無料で行っています。

試着できる場所も増やそうと、実店舗の展開も始めました。これである程度反響が出てくれば、全国展開も視野に入れようという段階です。

さて、I社はもともと楽天で実績を上げていました。現在のアマゾンの10倍の売上を今も維持しています。**なのになぜ、これだけアマゾンでがんばっているかというと、この先、もっともっとアマゾンの市場が成長するとわかっているから**です。

今はまだ「アマゾンのアパレルは弱い」イメージがありますが、今後はそこに力を入れていくことも確実です。

そうであれば、弱いうちにシェアを取っておくことで、アマゾンの市場拡大とともにI社の売上も自動的に伸びていきます。「ですから今は売上目標ではなく、ポジション目標ですよ」

とお伝えしています。

ネクストヒーローアイテム・失敗例
投資の歯止めがきかなくなると危険

ネクストヒーローアイテムで非常に多いのは、赤字の垂れ流しになるケースです。

これはどういうことかというと、1位を取ってヒーローアイテムにするために投資を続ける状態になるので、極端な例でいうと、プライム会員に対して商品を一時期1円で売っていた企業もありますし、ほかにもレビューを書いてもらおうとおまけやポイントを付与し続ける企業、検索順位を上げるために広告を大量に打ち続ける企業が出てくるのです。

1位になれば、突然、利益がドンと出る。でも、2位ではそれほど利益がないのは実店舗でもネット通販でも同じで、ネクストヒーローアイテムがアマゾンでやらなくてはいけないのは、**いつまで投資を続けるか、いくらまで投資するか、しっかり決めること**だといえるでしょう。

目安は企業規模や掲げる目標によっても変わりますが、先ほどのI社の場合は、赤字になってまで広告を打つことはしないようにしています。最終目標は高級ブランドのお客様のシェアを奪うことなので、ランキング順位は上でも価格の安い商品とは戦わないと決めました。ですから、当然、価格競争で利益を削ることもしません。

現段階で狙うところは、価格帯1位のキープ。そして、補正ブラジャー1位です。狭いカテゴリーの中でも1位になることによって、2位では決して味わうことのできない強烈なインパクトが残ります。

日本人なら誰でも「日本一高い山」を知っていますが、「2番目に高い山」は多くの人が知らないのと同じです。

【ギャップアイテム】と【ローレビューアイテム】の売上対策

ここまで5つのタイプの商品について実例を挙げてきましたが、ほかにも【ギャップアイテム】【ローレビューアイテム】があります。

ギャップアイテムとは、たとえば、飲料水のように単価が低く、ネット通販ではケースでないと売れないもの。あるいは、対面販売で売っている高額なサロンアイテムなど。ネット通販で売れる価格帯はある程度幅が決まっていますから、実店舗では人気があったとしても、その価格帯から外れてしまうと、安すぎる商品は送料の問題で売れない、高すぎると説得が難しすぎて売れないという問題が、どうしてもついて回ることになります。

ただ、実店舗で売れているということは、ファンがついているということです。そのファンに向けてメルマガやツイッターなどでクーポンコードを渡すなどして、アマゾンでお買い物をしてもらうように誘導するのが、まずやるべき施策です。食品やリピート商品は比較的取り組みやすいカテゴリーだと思います。

そこで注意しなければならないのは、使い分けです。特にサロンのような対面販売のお客様の場合、ヘビーユーザーまでアマゾンに向かわせてはいけません。

一番のファンはたくさん買ってくれるお客様であり、たくさん買ってくれるお客様は口コミで商品の良さを宣伝してくれるトップ営業マンのようなものですから、本店で買えるようにし、お得な状況をつくることが大切です。

たとえば、先行販売、モニター体験、お友達紹介の特典、商品開発の座談会への参加など、特別待遇でお客様との絆を深めることで、ますます気持ち良く買っていただけるようになります。

もう一つのローレビューアイテムは、一度陥ると、抜け出すことが難しいタイプになります。

今は、レビューを見てから最終的に購入を決める人がほとんどですから、レビュー点数が3以下の場合、購入率が著しく悪化します。

要は、購入者がいない状態となり、あらゆる施策が無駄打ちになってしまうのです。唯一、育てるのが困難なアイテムです。

しかし、売り手が商品ページの育て方を間違えただけで、もともと粗悪な商品なんてほとんどありません。そこで、「悪いレビューをなかったことにする」のが一番の対策ということになります。つまり、**商品の再登録**です。

ヒーローアイテムでは絶対にやってはいけないことでしたが、ローレビューアイテムではむしろ、すべてを消して一から出直し、次こそしっかり売れるページづくりをしていくことが最善といえるでしょう。

また、同じ商品で色バリエーションがあるもの、セット組などで項目選択ができるものの場合、**悪いレビューの品番だけ登録し直す**ことを検討してみるのもいいでしょう。

例外としては、カーフィルムや組み立て商品など、購入者が失敗しやすいものは全体的にレビューが低い傾向があります。フィルムがうまく貼れれば高評価、気泡が入れば低評価となり、バラツキも多いのが特徴です。

だから売れないかといえばそうでもなく、星の数が2・5でもランキング上位のものもあります。

「失敗するのは購入者の問題」という認識で見てもらえる商品かどうかがカギになります。

ある家具メーカーでは、毎日朝礼でレビューチェックをしています。家具の特性として、思っていたのとサイズが違う、引き出しのゆるみ、配送途中での破損など、クレームになることが多いのです。

この会社では**レビューをもとに商品を改良したり、梱包を見直したり、商品ページに説明を追加するなど、やれることを徹底的に行っています。**

努力のかいがあって、チェスト・タンスのカテゴリーで10位以内まで順位を上げることができました。

ヒーローアイテムの究極の理想形とは

この章の最後に、ヒーローアイテムからさらに飛躍し、誰も奪うことができないポジションをつかむことに成功したJ社の事例をご紹介します。

2008年、男性用育毛シャンプーの分野で一世を風靡したJ社。育毛シャンプーの人気はいまだに不動で、アマゾン、楽天市場のランキングでも常に1位にランクインしています。流通量が増え、現在ではECサイトのみならず、一部のスーパーやドラッグストアでも購入できるようになりました。

そのJ社がアマゾンと共同開発し、アマゾンのPB「ソリモ」で育毛シャンプー、コンディショナー、トニックの3商品を発売したのです。

育毛シャンプーのランキングを見ると、ベストセラーは相変わらずJ社の商品ですが、「ソリモ」はアマゾンが力を入れているブランドで「アマゾンズチョイスマーク」がついていること、検索結果ページのトップ位置を独占していること、価格が半分ほどでターゲットも違うことから、間違いなく売れています。価格帯1位を取るのは時間の問題でしょう。

ここでもっとも伝えたいことは、アマゾンがコラボレーション・パートナーとして、J社を選んだということです。不動の1位を続けた結果、アマゾンと手を組めたということは、今後もナンバーワンを維持し続けることを約束されたのと同じです。

アマゾンと協業商品をつくるところまでくると、J社の商品が放っておいても売れていくので、ネクストヒーローアイテムが倒すのは難しい。これがアマゾンで商売をする企業の究極の理想形だと思います。

アマゾンは今後もＰＢを増やす意向を示しており、このポジションは、実はまだまだ空いています。あなたの会社の商品もナンバーワンを取り続けることで、大きなチャンスをつかむことは十分可能なのです。

第5章

アマゾンの
未来はこうなる！

日本にまもなく登場するアマゾン新サービスはこれだ！

アマゾンの新サービスや最新技術を使ったオリジナル商品などは、アメリカ市場でテストを行い、実験が終わったものから時間差で日本にやってきます。

ここ1～2年を振り返るだけで、日本語対応のアレクサ搭載「アマゾン・エコー」の発表から、アマゾンプライム会員向けに、食料品・日用品・健康用品・美容用品・ベビー用品・ペット用品などが最短4時間で自宅に届く「アマゾンフレッシュ」、これもアマゾンプライム会員向けですが、法人向けに文具や各種用品を販売する新サービス「アマゾンビジネス」の開始など、次々に新サービスを送り出しています。

では、今後どんなサービスが日本にきそうなのか、何に注目すればいいのか、第5章では、その最新トピックスをご紹介します。

●アーリー・レビュー・プログラム

もうすぐやってくるだろうといわれているのは、「アーリー・レビュー・プログラム」といって、購入者に対して、アマゾンポイントを付与する代わりにレビューを書いてもらうサービスです。

わずかな費用で、レビューが5件たまるまでは必ずやり続けてくれるので、商品を登録してまもないうちに利用すると、かなり有効となるサービスです。

また、このプログラムは第3章でご紹介した「アマゾン・ヴァイン」とは違い、セラーも利用することができます。

●動画をアップロード

アメリカでは、出店企業が商品詳細ページに動画をアップロードできるようになりました。もちろん、セラーも利用可能です。

以前から、カスタマーレビューを動画で投稿できる「ビデオ・レビュー」がありましたが、売り手が動画を掲載することで、商品のデモンストレーションなどを見ることができ、アマゾンで買い物をするメリットがまた一つ増えることになります。

●ブランドフォロー機能

日本でも、お気に入りの著者をフォローすると、新刊が出た際にお知らせがくる機能がすでに始まっていますが、そのブランド版ができました。

お気に入りのブランドをフォローすると、新作が出るたびに通知がくるというものです。

●アマゾン・ギブアウェイ

ＦＢＡを利用しているセラーを対象に、アマゾンの出品商品を景品としてプロモーションを作成することができるサービスです。たとえば、懸賞に応募してもらう、掲載した動画を見た人の中から抽選でプレゼントなど、選考基準を決め、アマゾン・ギブアウェイをマーケティングツールとして使用し、見込み客のリスト集めができるイメージです。

景品の代わりに、エントリーした人全員に割引クーポンをプレゼントするセラーもいます。日本でもギブアウェイが開始されれば、コストをかけずに知名度を上げる新しい集客方法として確立される可能性があります。新興ブランドにとっては期待の大きいサービスです。

●アマゾン・ゴー

そのほかにも、アメリカ、イギリスで、画期的なサービスが次々と始まっています。レジ待ちの必要がない自動化ストア「アマゾン・ゴー」が２０１８年1月、アメリカ・シアトルにオープンしました。

お客様はスマホをゲートにかざして入店、あとは店内のカメラやセンサーで棚から取ったものが検知されるので、必要なものをバッグに入れて店を出るだけで、アマゾンのアカウントと連結しているクレジットカード経由で自動的に代金が請求される仕組みです。

アマゾン・ゴーが日本でも展開されれば、スーパーやコンビニ業界の脅威となることは間違いありません。

●アマゾン・ロッカー

2011年、アメリカの主要都市で始まったサービスで、注文時にコンビニなどに設置されたアマゾン専用のロッカーを送り先として指定できるというものです。ロッカーに商品が届くと暗証番号が送られてきて、商品を受け取れますが、商品に不具合があった場合はロッカーに再び入れることで返品もできるのが優れた特徴です。

●アマゾン・チケット

これはイギリスで2015年に始まったサービスで、アマゾンでチケット購入を取り扱うというものです。日本でもこのサービスが始まれば、決済の手軽さから申し込みが殺到する可能性があります。こちらもチケット業界の脅威となりそうなサービスです。

越境ECで世界を相手にしよう

今のところ認知度は低いものの、すでに日本でも実装されているサービスで、販売経路が確実に広がりそうなのが、FBA海外配送プログラムです。

あなたの会社がFBA海外配送プログラムを利用していれば、追加手数料0円、追加手続き不要で100の国・地域に配送が可能になります。

実は、ほとんどの出品者は、初期設定で自動的にFBA海外配送プログラムに登録されています。

注文の流れはこうです。海外のお客様が日本のアマゾンを閲覧し、海外配送対象商品を検索、気に入った商品をカートに入れます。次に、注文確認画面で海外配送費や輸入税・関税などを確認し、購入ボタンを押します。

その後、受注・梱包・発送・税関手続きなどはアマゾンが行い、商品が購入者に届けられます。注文・返品に関する問い合わせも、アマゾンが対応します。

また、決済についてもアマゾンが行うため、代金回収の手間も省け、海外の口座開設の必要もありません。FBAを利用していれば、日本にいながらにして簡単に越境ECを始められるのです。

FBA海外配送プログラムは、一時、突然休止になりましたが、2018年に復活。現在、アマゾンに出品している企業はもちろん、今後、海外展開を目指す企業にとっては、まさに待ちに待ったサービスの再開といえます。

特に、世界のアマゾンの中で最大のマーケットであるアメリカ・アマゾンは圧倒的な集客力があり、大きなメリットがあります。ある程度の手応えがあれば、アメリカのアマゾンに本格的に出品することも可能です。

アマゾンの弱点は〝返品〟と〝情報過多〟

まさに非の打ち所がないように見えるアマゾンですが、弱点がまったくないわけではありません。

一つは、返品です。**30日以内の返品（無条件）については問題ないのですが、他社との差別化のために3〜6カ月間、返品可能を謳《うた》う出品者がいます。**

ところが、アマゾン側では返品有効期間内に購買手数料の請求が立ってしまうというややこしい状況になっているのです。そして、出店企業に間違って請求した手数料を返金して……というケースが多く、混乱状態を起こしています。

しかし、このままでは返品がさらなる市場拡大の支障になりかねません。この先のチャレンジのためにも、ここで返品問題を解決する必要があると感じています。

もう一つの弱点は、商品が多すぎて、どれを買えばいいかわかりにくいケースがあることです。

たとえば、少し高級なマットレスを買おうとアマゾンに行っても、まず見つかりません。検索上位を占めるのは安いマットレスばかり。ランキングを見ても安いものしか出てきません。

その理由は、アマゾンは売上高ではなく、売れた数が優先されて上位表示されるからですが、その選択肢以外の商品を探しているユーザーにとっては、使いにくいサイトになっている恐れがあります。

裏を返せば、ユーザーの嗜好《しこう》に合った「その人にぴったりの商品」を導き出す方法を見つけることが、解決策になります。アマゾンの今後の取り組みを期待したいところです。

アメリカで流行り始めている「キュレーションサービス」

最近、アメリカで増えているのが、いくつかのアンケートに答えると、ＡＩがその人に合う商品を選び、詰め合わせで送られてくるキュレーションサービスのサイトです。

こうした「消費者が商品を選ばずとも購入できるサービス」が、先ほどの弱点に対する一つの解決方法ではないかと思います。

たとえば、あるキッズ服のＥＣサイトを訪れると、入り口で質問が始まります。「男の子ですか？　女の子ですか？」それに答えると、「何歳ですか？」「名前は？」「体形は？」と、次々に質問が投げかけられます。さらに、「次の５つのＴシャツの中で嫌いなものはどれですか？」「嫌いな色はどれですか？」「どこで着る服を探していますか？」「普段、どういうところで買い物をしますか？」と質問され、すべて答え終わると、次はもうメールアドレスと届け先・支払情報の登録に入ります。

届く商品は６〜７点で、価格は１００ドル（約１万１０００円）。気に入らなければ全部返品することもでき、気に入ったものだけにお金を払います。

全部買ったお客様がいれば、そのうちの１点分は、途上国の恵まれない子どもたちに寄付されるビジネスモデルです。

このサイトのターゲットが、まさに「ＥＣサイトに行っても商品が多すぎて選べない」と言っているお客様なのです。この会社の年間売上は約３３０億円。こうしたＥＣサイトが、今、非常に伸びています。

別のアンケート型キュレーションサイトでは、質問の答えによって、一人ひとりに合ったシャンプーをカスタマイズしてくれます。シャンプーに含まれる成分の組み合わせは実に27兆通りあるそうで、百人百様の商品を提供することで、お客様に大きな満足感を届けているのです。「ユーザーの心をつかむヒントは、スーパー・パーソナライゼーションにあり」を、体現する商品です。

アメリカでは、オーガニック、グルテンフリーが注目ワードになっていますが、シャンプーもグルテンフリーにしたい人が多く、支持を集めている事例です。

ほかにも、あるペットフードの会社が、「自分の愛犬の食事をデザインしましょう」と呼びかけ、売上を伸ばしています。犬の健康に気を遣う飼い主は大勢いますが、この会社の社長自身が、「素材をすべて殺菌しているような食事をうちの犬に食べさせられるか！」という考えの持ち主で、自らサイトを立ち上げました。

１回分の食事が個包装され、その犬に合わせて栄養バランスが整えられています。この会社は、テレビの料理番組で犬用の食事をつくらせ、話題も集めました。

あるビタミンサプリの会社では、その人にとって1日に必要なビタミンサプリを個包装しています。アメリカ人のサプリメント好きは有名ですが、パッケージのデザイン性が優れ、名入れもできることで、よくインスタグラムで紹介されるようになりました。

この3社とも、「あなたに代わって私たちが選びます。安心・安全なものしか使っていませんので、どうか信頼してください」というのが売り文句。**情報のオーバーフローで困っている人たちのための商品が、アメリカでは急速に増えている**のです。

アマゾンもこの状況に危機感を持ち、プライム会員向けの「ワードローブ」というサービスを始めました。サイズ違いや色違いなどをまとめて取り寄せ、自宅で試着後、気に入ったものだけ代金を払うというものです。

ただ、〝商品を選ぶ〟ことはお客様がしています。そこを将来的に、アマゾンが選んで届けるようになれば、「買い物が苦痛だ」という層はもちろん、「買い物に新しい驚きを求めている」人たちにもっと訴えられるようになるでしょう。

アメリカのある食品メーカーでは、レシピ検索の発展形として、レシピ横にあるカートボタンを押すと、その料理をつくるための材料を一括購入できるシステムをつくりました。ネット通販で食品分野が弱い理由の一つは、ユーザーにとって無駄なく食材を選ぶのが難しいことです。そのストレスをなくした画期的なサービスといえます。

今後、アマゾンがこうした食品メーカーと手を組み、アマゾンフレッシュで食材を届けるようになれば、買い物代行サービスという新しい展開もできるでしょう。

アマゾンが持っているテクノロジーを結集すれば、まだまだ世界が驚くような未知のショッピング体験が待っているに違いありません。

おわりに　企業としてアマゾンをどう位置づけるべきか

アマゾンで売上を上げる基本公式は、どの商品でも同じです。商品ページを強化し、高評価レビューを増やし、まだ認知度の低い商品の場合は、広告枠を使って露出を増やし、検索上位に行く。すると、人が集まり、購入数が上がるので、お客様の反応を見ながらまたページを改良し……と、絶えず循環させていくと、売れる仕組みができ上がっていきます。

実際に、この順番を正しく守って、アクセス数を前年比で170%増やし、売上が約300%アップした企業もありますし、狙いたい一般キーワードで順位を約300位上げた企業もあります。

スポンサープロダクト広告はまだ取り組んでいる企業がそれほど多くありませんので、利益率が多少低くなっても、アマゾンに広告予算を集約することで、全体の売上が上がっていくでしょう。商品力さえあれば、広告費の5倍、10倍稼ぐことはさほど難しいことではありません。

商品ページの強化だけ、アマゾン広告の運用だけでは、即効性はあってもいずれ頭打ちになります。この2つをやり抜くことで、伸び率が高まるのです。

ところが、現実に目を向けると、ＥＣ部門とマーケティング部門が分かれていたり、メーカーの場合は特に卸営業部がＥＣも担当したりと、現場の役割整理が進んでいない企業が多く見られます。

そうなると予算も分かれ、広告もＥＣ部門独自で動かすことができない、ＥＣ部門は販売しかやらせてもらえず、ツイッターのつぶやきすら広報部に行って、「今度セールをやるので、つぶやいてくれませんか？」と頭を下げないといけないなど、売るための連携を取りづらい点が問題として挙げられます。

今後は商品の情報管理も含めて、一つの部署にすべて統合していくことが、ＥＣの売上拡大に欠かせない施策の一つになってくるでしょう。

そして、本書の中でも何度か述べていますが、自社ファンの獲得に力を入れていただきたいと思います。自社ＥＣ公式サイトに人を集めても、今のところ売上につながらないかもしれません。しかし、そこを推進していかないと、将来的に広告だけでは手詰まりになるときが必ずきます。

第5章でご紹介したキュレーションサービスにトライするのも、あなたの会社の売上を拡大するチャンスになるかもしれません。日本でいえば、福袋もキュレーションサービスの一つです。

また、美容アイテムをまとめてセット組にしたり、人気ワインだけを集めたおすすめセットをつくったりと、お客様が選ぶ手間を省いた商品を提案するのは日本の企業の得意分野だと思います。選択肢の一つとして考えてみてください。

日本の消費行動は、実店舗が約92％、ネット通販はまだ約8％にすぎません。アマゾンで圧倒的地位を得ることができれば、実店舗にも注目され、全国展開もあり得ます。

アマゾンには、まだまだ私たちが学ぶべきことが詰まっています。ここを使って十分に学習し、デジタル化とECで市場を開拓する足掛かりをつくり、ぜひEC事業拡大を実現していただきたいと思います。

近未来に向けて、企業としてアマゾンをどう位置づけていくべきか、本書がそれを考えるきっかけになれば、これほどうれしいことはありません。

株式会社いつも．上席コンサルタント　高木修　立川哲夫

〈著者プロフィール〉
高木 修（たかぎ・おさむ）・**立川哲夫**（たつかわ・てつお）
株式会社いつも．上席コンサルタント。Eコマースビジネスを中心に、国内最多クラス9000社超の支援実績を持つ。アマゾン・楽天市場・ヤフー!・ブランド公式ECサイトおよびアメリカ・中国を中心に海外ECに対して、クライアント各社の戦略立案やECサイト運営の実務サポートを行う。世界最大のECカンファレンス「RetailX」「IRCE」日本代表パートナーとして、年に数回アメリカ視察を行っている。Amazonグローバルセリング SPN Advertising Optimization providers企業としても活動。国内アマゾンの成長に合わせ、いち早くアマゾン専門チームを立ち上げ、化粧品・日用品・電化製品・食品等のカテゴリーでアマゾン運用支援を多数行っている。

アマゾンを飲み込め！
ネット通販で売上を伸ばす7つの戦略と21の鉄則

2019年4月20日　第1刷発行

著　者　高木 修・立川哲夫
発行者　見城 徹

GENTOSHA

発行所　株式会社 幻冬舎
〒151-0051　東京都渋谷区千駄ヶ谷4-9-7
電話　03（5411）6211（編集）
03（5411）6222（営業）
振替　00120-8-767643
印刷・製本所　株式会社 光邦

検印廃止

ISBN978-4-344-03455-6　C0095
幻冬舎ホームページアドレス　http://www.gentosha.co.jp/

この本に関するご意見・ご感想をメールでお寄せいただく場合は、
comment@gentosha.co.jpまで。